DE INDIGENTE A MULTIMILLONARIO

Los 18 principios para atraer la riqueza y crear oportunidades ilimitadas

Andres Pira
con el Dr. Joe Vitale

DE INDIGENTE A MULTIMILLONARIO

Los 18 principios para atraer la riqueza y crear oportunidades ilimitadas

Prólogo de Jack Canfield

EDICIONES OBELISCO

Colección Empresa
De indigente a multimillonario
Andres Pira

1.ª edición: mayo de 2021

Título original: *Homeless to Billionaire*
Traducción: *Raquel Mosquera*
Corrección: *M.ª Jesús Rodríguez*
Diseño de cubierta: *Isabel Estrada*

Edita: Ediciones Obelisco, S. L.
Collita, 23-25. Pol. Ind. Molí de la Bastida
08191 Rubí - Barcelona - España
Tel. 93 309 85 25
E-mail: info@edicionesobelisco.com

ISBN: 978-84-9111-720-9
Depósito Legal: B-8.219-2021

Impreso por CPI Black Print - Barcelona

Printed in Spain

A mi querida madre, que falleció mientras terminaba este libro

ANDRES

Agradecimientos

¡Gracias al doctor Vitale por hacer realidad este libro! Eres mi mentor, mi modelo a seguir y mi amigo de por vida, y te estaré eternamente agradecido.

Gracias a Jack Canfield, Brian Tracy, Napoleon Hill, Bob Proctor y Charles Haanel. Fuisteis mis primeros maestros reales en la vida y a través de vuestros libros emprendí un largo camino de aprendizaje.

Gracias a mis hermanas y hermano: Anette, Linda, Alejandra y Kristian.

Gracias a mi padre por enseñarme desde muy pequeño la habilidad de la disciplina; me ha servido de mucho.

A mi querida hija, Valentina, por hacerme querer ser mejor padre y una mejor versión de mí mismo. Me inspiraste para guiar a muchas personas en este planeta hacia un nuevo despertar y para hacer que te sientas orgullosa de mí como padre. Es por ti que quiero ser una fuerza positiva.

Prólogo

Tuve el placer de ser el tutor de Andres durante más de dieciséis años. La parte más interesante de ese proceso de tutoría es que ni siquiera sabía que lo estaba haciendo. Andres había estado estudiando mi trabajo durante muchos años y poniendo en práctica mis lecciones mucho antes de conocerlo y, cuando finalmente lo hice, ya era un hombre de éxito. Al hablar con él, descubrí que había leído tanto mi trabajo como el de otros maestros y había hecho todo lo posible para refutarlo (así es: *refutarlo*). He trabajado con millones de personas en todo el mundo que en general quieren aprender los principios que enseño, pero Andres era diferente: quería pruebas.

Un gran amigo mío, W. Clement Stone, dijo una vez: «La determinación del propósito es el punto de partida de todo logro». No podría haberlo expresado mejor. Un hombre sin propósito está perdido. Perdido, sin sentido de dirección. Me sorprendía que alguien tan joven como Andres entendiera perfectamente esta cita.

El famoso autor y presentador de radio Earl Nightingale decía que si un barco salía del puerto con alguien al mando que tuviera instrucciones precisas y un sentido claro de propósito, llegaría a su destino el 99 % de las veces. Sin una guía y sin nadie al mando, ni siquiera llegaría a salir del puerto. Andres lo sabía de forma innata, incluso en sus peores momentos. A muchas personas les lleva una vida adquirir este tipo de sabiduría. Como maestro de toda la vida, la historia de Andres me intrigaba mucho.

Hace años, comencé a crear el Consejo de Liderazgo Transformacional con algunos de los líderes, tutores, autores y cineastas transformacionales más poderosos que, como yo, querían abrir las mentes y los corazones de las personas en todas partes. En mi sala de estar, formé un grupo de maestros que buscaban estudiantes a los que transformar. Nos hemos encontrado frente a muchos estudiantes en todo el mundo y me siento eternamente agradecido por ello. Imagínate mi sorpresa al conocer a un estudiante que comenzó tratando de refutar mis enseñanzas para acabar alabándome en público por ser parte de su transformación.

Durante años, Andres pasó sus días como un barco sin nadie a los mandos. Sin embargo, cuando finalmente encontró ese propósito y deseo, aplicó todo lo que había aprendido leyendo libros como *El secreto* de Rhonda Byrne y a partir de ahí continuó hacia delante pasando por altibajos, éxitos y fracasos. ¿Podría haber predicho que, como antiguo miembro del grupo, se convertiría en uno de los promotores inmobiliarios más célebres del sur de Tailandia y en multimillonario a una edad en la que la mayoría de las personas todavía están intentando decidir su carrera?

Cuando leí *De indigente a multimillonario* por primera vez, se me ocurrió que estaba surgiendo una nueva generación de líderes transformacionales. Líderes que exigen pruebas antes de acreditar conocimientos. Pruebas de que los conocimientos que adquieren en los libros pueden marcar la diferencia cuando se aplican en la vida real. Cuando leas la historia de Andres, te encontrarás pensando: «Eso ya lo sabía, pero nunca se me había ocurrido aplicarlo como él». *De indigente a multimillonario* es una recopilación de los principios del éxito más poderosos, mezclados con escenarios de la vida real, que proporcionan las pruebas que busca la nueva generación a la hora de decidirse por un líder al que seguir.

En los negocios, Andres desafía la lógica. Mientras que la mayoría de las empresas se centran en el resultado final, a menudo reduciendo los salarios de los empleados para ahorrar dinero, él cree en pagarles más. Si bien muchas empresas tratan a los empleados como trabajadores, Andres los trata como si fueran su familia con un sincero deseo de verlos triunfar y ayudarlos a comprender cómo deben aprovechar el poder del universo para mejorar todas las facetas de sus vidas.

Además, en una época en la que una generación de mileniales exige pruebas antes del cumplimiento, Andres ha dominado la fórmula para hacer que sus empleados crean en lo imposible. No he conocido a nadie que sepa ganar dinero, inspirar y potenciar el éxito como él. Cuando nos vimos por primera vez, me reconoció (junto con otros, como el doctor Joe Vitale y Bob Proctor) su formación y su sed de aprender más.

El libro que tienes entre tus manos pone en primer plano la convincente historia de Andres y los principios modificados del éxito en una época en la que es más fácil ser escéptico que sentirse inspirado. *De indigente a multimillonario* trata sobre la donación vibracional, el poder de establecer objetivos, cómo pensar a lo grande, cómo aumentar las ganancias a través de la motivación de los empleados y cómo controlar tus emociones y eliminar cualquier aspecto negativo de tu vida. Su historia cruda y honesta es convincente y está ligada a prácticas y desafíos comerciales específicos para ayudarte a enfrentar tus miedos. Captura todo lo que ha aprendido de los gurús del desarrollo personal y todo lo que ha demostrado ser real en el mundo de los negocios. El resultado es un libro de negocios como ningún otro y unas memorias que te hacen dar un paso atrás.

Cuando escribí *Sopa de pollo para el alma*, nunca imaginé que más de un millón de personas leerían mi libro. Mi predicción es que cuando un millón de personas hayan leído el libro de Andres, no se sorprenderá porque él ha aprendido a esperar el éxito. Andres pide el éxito, cree que sucederá y lo logra. Así es como comenzó su viaje cuando no era más que un indigente en una playa, esperando que le llegara el éxito.

Lo que me ha enseñado Andres, el chico de la sopa de pollo, es que si el maestro hace bien su trabajo, es inevitable que éste se convierta en alumno.

JACK CANFIELD
Jack Canfield es el coautor de la serie
Sopa de pollo para el alma y Los principios del éxito:
Cómo conseguir lo que deseas a partir de lo que tienes.

Introducción

Historia de un milagro

Todo lo que la mente de un hombre puede concebir, lo puede lograr.
NAPOLEON HILL, *Piense y hágase rico*

¿Se puede aplicar esto al secreto de la riqueza?

¿Realmente puedes transformar tu vida y pasar de la supervivencia al éxito con sólo cambiar de opinión?

¿Es posible crear tus propias oportunidades?

La gente siempre me pregunta si *La ley de atracción, El secreto, Piense y hágase rico* y otros libros sobre los principios del éxito realmente funcionan de la manera en que están escritos.

La respuesta a todas estas preguntas, en resumen, es un sí rotundo. Este libro, *De indigente a multimillonario*, es una prueba de ello, de cómo un hombre pasa de una vida de indigencia en una tierra extraña a convertirse en multimillonario gracias tan sólo a él mismo, mejor dicho, en millonario no, en multimillonario.

Conocí a Andres Pira en 2017 cuando acepté participar en su primer seminario presencial en Tailandia.

A los veinte años, sin hogar, durmiendo en las playas de Tailandia, hambriento, frustrado y enojado por su situación, Andres no tenía ni idea de que en el peor momento de su vida encontraría la salvación. Por caprichos del destino, alguien le regaló un ejemplar del libro *El secreto*.

Si bien su éxito no tuvo lugar de la noche a la mañana, hoy dirige diecinueve empresas, tiene más de 200 empleados y es el constructor inmobiliario más grande del sur de Tailandia. Andres continúa aplicando lo que aprendió en *El secreto* para obtener resultados más destacados y significativos. Esto es sólo el principio.

Aunque yo estaba allí para participar en su evento junto a otros conferenciantes invitados, lo convencí para que subiera al escenario por primera vez en su vida y compartiera su historia de cómo pasó de la supervivencia al éxito.

Luego, también lo convencí para que escribiera los 18 principios que usó para lograr su éxito. A continuación, le pregunté si podía ayudarlo a escribir un libro acerca de su historia, y aceptó.

Ahora mismo tienes ese libro entre tus manos.

A los treinta y seis años, aunque yo casi le doblaba la edad, ambos teníamos muchas cosas en común.

Yo también fui una vez indigente y estuve luchando contra la pobreza durante más de diez años. Pasé de no tener nada a tener algo, de no haber publicado nada a publicar, e incluso a aparecer en una película, lo que me llevó a obtener más logros de los que puedo enumerar aquí.

Pero yo sabía que todavía había mucho más que aprender de él. Quería saber exactamente qué había descubierto en su viaje desde las playas solitarias en las que vivía cuando estaba sin hogar hasta los increíbles y lujosos complejos turísticos de playa que ahora construye por todo el mundo. Apuesto a que tú también quieres saber cuáles son esos descubrimientos.

Andres es una inspiración para todos nosotros.

Déjame contarte una historia que Andres no te contaría; es una lección de amor y gratitud y de por qué tú también debes esforzarte por ser rico.

A principios de 2008, la madre de Andres contrajo una enfermedad terminal. Su madre se había sacrificado por él toda su vida y finalmente fue la persona que liberó su alma torturada al permitirle fracasar. Andres se enteró de que estaba enferma y dejó todo para estar con ella. Tras llevarla de Suecia a Bangkok, consiguió la mejor atención médica y se aseguró de que estuviera rodeada de las personas a las que amaba.

Su enfermedad era agresiva y los médicos le advirtieron de que le quedaba muy poco tiempo de vida, así que ella hizo dos peticiones antes de morir. En primer lugar, quería ver a su familia unida. La segunda petición era que quería morir en Suecia, el país que se había convertido en su hogar durante muchos años.

Andres comenzó a hacer llamadas telefónicas de inmediato. Contrató un avión privado, a un equipo de soporte vital de médicos y enfermeras para volar con ella y otros sanitarios para quedarse con ella en Suecia. No escatimó en gastos para cumplir con las últimas peticiones de su madre, incluso trajo a sus hermanas y su hermano de vuelta para que estuvieran junto a la cama de su madre en Suecia. Como familia, pasaron cuatro semanas con ella, día tras día, hasta que, finalmente, falleció en rodeada de su familia.

Cuando leas su historia, comprenderás por qué esto era algo que Andres tenía que hacer por su madre. Su capacidad para mantenerla, al final, fue una experiencia significativa para él en honor al impacto que tuvo su madre en su vida. Lo que aprendí de esta historia que me hizo llorar cuando me la contó fue que el amor y la gratitud son liberadores. El hecho de haber podido hacerle esos regalos a su madre no tenía precio. Su capacidad para tomar medidas tan extraordinarias para que eso sucediera, naturalmente, provino de su riqueza. La historia de su madre es un ejemplo de cómo el dinero es neutral, ni bueno ni malo; lo que marca la diferencia es cómo eliges usarlo. La riqueza te ofrece la opción de hacer cosas extraordinarias. Te animo a que aprendas sus principios de la atracción de la riqueza.

Mientras leas este libro, recuerda algo que realmente creo y me gusta decir: «Espera milagros».

DR. JOE VITALE
El doctor Joe Vitale es colaborador de *El secreto*

¡Demuestra que me equivoco!

Probablemente ya hayas escuchado los principios de la riqueza que estoy a punto de describir. Los leerás y pensarás: «Ah, ya lo sé». O tal vez nunca hayas leído sobre estos principios y los desestimarás por considerarlos de sentido común. Ambas reacciones son buenas.

Ya hace tiempo que aprendí por las malas que el conocimiento no es lo que nos da lo que queremos en la vida, sino el hecho de poner ese conocimiento en práctica.

Estás a punto de aprender a poner en práctica con claridad y facilidad los 18 principios para liberar todo tu potencial y obtener los logros que deseas.

Tardé años en aprender a fondo estos principios para atraer la riqueza. Como leerás, no comencé mi vida como multimillonario; tuve suerte de llegar a cumplir los dieciocho años. En uno de mis momentos más bajos, descubrí el poder del conocimiento a través de un libro. Al estudiar, aprender y poner en práctica los conocimientos adquiridos a través de muchos libros, convertí mi «estilo de vida de supervivencia» en una vida de abundancia y posibilidades. Los resultados que experimenté fueron asombrosos. Me sentía humillado y ahora me siento agradecido.

Quizás seas escéptico en cuanto a la ley de la atracción y la manifestación, especialmente en los negocios. Después de todo, millones de personas en todo el mundo han leído libros de motivación y no todas han podido ver los resultados como yo. La diferencia radica en llevar a cabo una *acción* específica.

Estás leyendo un libro de negocios elaborado a partir de un viaje de autodescubrimiento. Los principios que utilicé para la atracción de la riqueza y la creación de oportunidades ilimitadas en mi negocio estaban inspirados por el enorme cambio que experimenté al usarlos en mi vida personal. La razón por la que mi historia conecta con personas de todo el mundo, así como con conferenciantes de prestigio mundial como el doctor Joe Vitale, es que estos principios no son teóricos, sino el resultado de años de estudio, de ensayo y error, y de ser lo suficientemente disciplinado como para mostrarme siempre abierto a los resultados. Como empresario de éxito, puedo decirte que aplicar estos principios a tu negocio generará resultados, y espero que compartirlos a través de mi historia personal te muestre cómo pueden ser sumamente efectivos también en tu propia vida.

Tu pasado no se puede cambiar. El futuro es tuyo para moldearlo de cualquier forma que puedas imaginar.

Las enseñanzas que contiene este libro no son mías. La mayoría han sido documentadas durante siglos y muchas, en estudios de investigación clínica recientes.

Son una combinación de más de veinte años de mi sed de conocimiento y comprensión extraídos de seminarios a los que he asistido y conversaciones individuales que he tenido el privilegio de mantener con algunos de los mejores expertos en éxito del mundo.

Lo que he hecho es modificar estos conocimientos para adaptarlos a mi propia vida y a mi negocio actual. He destilado la información y he agregado cosas. Lo más importante es que he vivido lo que enseño.

Toda esa información la he sintetizado en 18 principios, cada uno de los cuales está diseñado para crear oportunidades y atraer abundante riqueza. Puede resultar un poco incómodo al principio, pero confía y sé paciente. Pronto te darás cuenta de lo fácil que es aplicar cada uno de los principios. No te agobies tratando de poner en práctica los 18 a la vez. A medida que vayas leyendo, verás de forma clara cuáles puedes poner en marcha de inmediato y cuáles incorporarás más adelante. Cada principio tiene un valor único.

He pasado una década con algunas de las personas más exitosas del mundo que practican estos mismos principios. Ahora es tu turno. Al final, puede que los descartes todos. Recibiré de buen grado tus comentarios sobre tales afirmaciones y me reiré, porque eso es lo que pensé cuando comencé mi viaje. Tratar de desacreditar esos conocimientos me llevó a vivir una vida con la que la mayoría sólo podía soñar. ¡Te reto! Adelante, demuestra que mis 18 principios no funcionan. Me muero de ganas por escuchar cómo han cambiado también tu vida para siempre.

> ***La mayoría de las personas sueñan con grandes logros; muy pocas despiertan y los cumplen.***

Principio #1

Lleva una vida enfocada

Puedo ser lo que decido ser.
CHARLES F. HAANEL, *La llave maestra*

Todos venimos de algún lugar

Crecí convencido de que nunca llegaría a ser alguien a quien mis padres pudieran estar orgullosos de llamar «hijo». Este pensamiento negativo, injustificado, casi me mata antes de cumplir los dieciocho años y me llevó a la indigencia.

Nací en una pequeña isla colombiana en el mar Caribe llamada San Andrés, de ahí el origen de mi nombre. Mi padre había abandonado Suecia, su país natal, cuando era bastante joven y abrió un restaurante en esa isla rodeada de hermosas aguas azules. Fue allí donde conoció a mi madre. En ese momento, la isla no era un lugar seguro. Mi padre llevaba un revólver dondequiera que iba. Además, mis padres trataban de conseguir que sus hijos tuvieran una educación sueca. Estas dos cosas (la falta de seguridad y el deseo de una mejor educación para sus hijos) fueron las razones por las que mis padres hicieron el gran sacrificio para regresar a Suecia cuando mi madre se quedó embarazada de mi hermana.

Yo tenía tres años cuando mi familia se mudó, y sólo cuatro cuando mis padres se divorciaron. Nunca me explicaron por qué, pero podía escuchar vidrios y adornos rompiéndose tras la puerta de mi habitación mientras yo lloraba, me tapaba los oídos y rezaba para que aquello se acabara. Tenía muy claro que las cosas no iban bien entre ellos. Pensando en mi infancia, sólo tengo recuerdos fragmentados y muy pocos detalles de los lugares donde comenzó mi vida.

A veces, un pasado más oscuro debe permanecer en el pasado para poder avanzar y crear un futuro más brillante.

Mi padre era una persona estricta y me exigía que hiciera los deberes inmediatamente después de llegar de la escuela. Todas las tardes, cuando salía de mi habitación, tomaba uno de mis libros del colegio y me hacía preguntas para asegurarse de que había hecho bien los deberes. Quería pruebas de que conocía la información que necesitaba para aprobar mis exámenes. Una respuesta incorrecta y me enviaban de vuelta a mi habitación hasta que dominara todos mis deberes para esa tarde. Aunque había días en los que me molestaban los métodos duros y estrictos de mi padre, entonces, realmente, aprendí habilidades valiosas que entrarían en juego más adelante en mi vida. Le debo a mi padre mi sentido de la dedicación y de la disciplina a la hora de estudiar y adquirir conocimientos.

Las lecciones de mi madre, las que darían forma a mi vida, eran las que no se podían aprender en la escuela. Me las enseñó después de haberme marchado de casa.

Aunque mis padres estaban divorciados, vivían cerca el uno del otro. Los veía a los dos con regularidad y, si por casualidad me peleaba con uno de ellos, podía quedarme con el otro. En consecuencia, pasé innumerables noches vagando entre las dos casas y en algún lugar entre ellas, tratando de averiguar cuál era mi sitio.

Cuando era niño, me sentía consumido por la idea de que no tenía control sobre mi existencia diaria. De ese modo, en el espacio existente entre las casas de mis padres, forjé comportamientos impropios de alguien que escoge emprender el camino hacia una vida exitosa.

Vivir sin enfoque

Mi reputación de chico duro era más importante para mí que la de chico inteligente. Aunque supiera las respuestas a las preguntas del maestro, nunca levantaba la mano. Era parte de la fachada que había creado y a menudo me castigaban por mal comportamiento en la escuela.

El famoso filósofo alemán Arthur Schopenhauer dijo una vez: «Los dos enemigos de la felicidad humana son el dolor y el aburrimiento». Sé que tenía razón acerca del aburrimiento. El aburrimiento, junto con una mentalidad impulsiva, no me condujeron a tomar decisiones inteligentes. Me gané reprimendas por jugarretas como colocar pescado sueco de verdad (no los caramelos con forma de pez) en el conducto de aire de la escuela, lo que provocó tal hedor que tuvo que permanecer cerrada durante tres días.

¿Por qué estaba empeñado en dar valor a las cosas que me perjudicaban? ¿Por qué me resultaba tan deseable ser destructivo?

La respuesta simple era que estaba viviendo una vida sin enfoque, sin saber lo que quería hacer, ser o tener en la vida. Caminaba por la vida sin conectar mis elecciones con las consecuencias.

Las elecciones dictan los resultados

A los quince años abandoné la escuela secundaria y me volví adicto al estilo de vida juerguista. Cuando no tienes metas y sí una fuerte necesidad de sentir que te pasen cosas (buenas o malas), la fiesta siempre te encuentra, y mi vida era una gran juerga.

Rara vez pasaba un día sin beber en las calles de Estocolmo mientras la mayoría de los niños de mi edad estaban en la escuela. Desarrollé la capacidad de pasar los días con el cerebro nublado por el alcohol.

Mi pandilla de amigos compartía mis limitadas ambiciones, haciendo que pasar el rato en las calles fuera fácil. Pronto, los grupos de amigos que se iban juntos de juerga se convirtieron en bandas de amigos que peleaban, a veces entre ellos, a menudo con otras bandas. Había una regla en las calles de los barrios de Estocolmo: nunca muestres debilidad o miedo. Me gané mi credibilidad callejera al encajar numerosos golpes y nunca mostrar dolor, sin importar cuán destrozados estuvieran mis nudillos por golpear huesos.

La voz que oyes cuando tocas fondo

La embriaguez continua embota los sentidos. De mi adolescencia, recuerdo tres acciones: evitar, beber y justificar. Como ya he dicho, no confiaba en llegar a ser algo de lo que mis padres se sintieran orgullosos, así que vivía sin metas específicas. Me sentía como si ya hubiera fracasado, entonces, ¿por qué trabajar para lograr algo? Me encontraba, por defecto, en el camino de convertirme en un alcohólico de por vida, a uno o dos errores más de acabar en la cárcel o, peor aún, en la tumba. Sabía lo que era ser arrestado, pelearse, dejarse llevar por los excesos o causar problemas sin motivo alguno. A los dieciocho años, me preguntaba si llegaría a cumplir los diecinueve.

El día que creí haber despertado muerto

A medida que crecía y me fortalecía físicamente, también lo hacía mi rabia.

Las peleas callejeras y en los bares eran cada vez más frecuentes e intensas. El primer punto de inflexión en mi vida fue despertarme en los escalones de un edificio abandonado, con la cabeza palpitando, la ropa sucia y sin tener ni idea de dónde estaba ni cómo había llegado allí, preguntándome en voz alta: «¿Estoy muerto? ¿Me he muerto?».

Pasé un día entero en esos escalones. Sentía que mi cuerpo estaba desconectado de mi cabeza y estaba tumbado sobre vidrios rotos. No podía quitarme de la cabeza la idea de que me había despertado muerto y estaba sentado en la escalera de los difuntos.

Cuando regresé a mi casa, la expresión del rostro de mi madre era indescriptible. Sin que ella dijera una palabra, pude sentir su dolor, preocupación, decepción, desesperación e ira fluir a través de mí. Aquello me dolió más que cualquier golpe que hubiera recibido.

Cuando mi padre se enteró de que había regresado, él y mi madre discutieron sobre «qué hacer con Andres». Me llevaron de nuevo a mi antigua habitación de inmediato, como si fuera un niño pequeño, lloraba a mares y me tapaba los oídos con las manos.

Estaba en una encrucijada. Comencé a temer que mi madre se sintiera responsable si me pasaba algo, que de alguna manera ella pudiera creer que había apoyado las formas de diversión que habían matado a su hijo. Por otro lado, no quería vivir según las estrictas reglas de mi padre. Lo más importante era que ya no quería ser el centro de sus discusiones. Tenía que empezar a asumir responsabilidades por mí mismo, así que decidí conseguir mi primer trabajo. Cuando has tocado fondo, ésa es una decisión monumental.

Saber cuándo volver a empezar

El primer trabajo que conseguí en Suecia fue en una oficina de telemarketing que vendía tarjetas SIM de prepago, debía hacer entre doscientas y trescientas llamadas durante ocho horas todos los días. Odiaba mi trabajo. Me encontraba en una oscuridad constante, de forma metafórica en mi mente, pero de forma literal en mi existencia, ya que mi horario laboral era desde el mediodía hasta las nueve de la noche. Cuando terminaba de trabajar ya había oscurecido y hacía frío afuera. Odiaba todo de ese trabajo. También me había comprometido a salir de fiesta sólo los fines de semana, por lo que tenía un contacto mínimo con otras personas durante la semana. Para conservar un trabajo, no salir de fiesta, beber ni pelear tuve que separarme de los amigos con los que me divertía durante nuestros tiempos de pandilleros. Me aislé y no tenía vida social fuera de mi horario laboral.

Mi nuevo estilo de vida responsable me llevó a un estado de depresión que nunca creí posible. Me faltaba motivación, así que estaba dispuesto a permanecer en un trabajo que me deprimía. Tenía que alejarme de mis amistades y dejar de salir de fiesta para mantener el rumbo, pero me encontraba solo y aislado.

Peor aún, la situación creó un espacio en mi mente que albergaba resentimiento, frustración, autocompasión e ira. Mis pensamientos siempre estaban impregnados de esos sentimientos.

Encontraba cualquier excusa para no ir a trabajar, lo que provocó mi despido. Culpé de inmediato a la empresa, a mis superiores y a los clientes. Me decía a mí mismo que el resultado no era culpa mía. Es lo que todos nos decimos cuando no asumimos responsabilidad alguna.

Creía que, sin una educación excelente, nunca podría conseguir un buen trabajo, así que me sentía estancado.

Mi médico me recetó tres antidepresivos diferentes. Feliz de escapar de mi día a día, empecé a tomar los medicamentos, lo cual empeoró las cosas. Me aislé completamente del mundo, estaba tan paranoico con la idea de que alguien iba a venir por mí que me quedaba junto a la puerta de mi casa, a menudo durante horas, esperando a que «ellos» llegaran. Sufría una auténtica crisis mental.

En la oscuridad, en mi punto más bajo, escuché una voz que decía: «Tú eres alguien mejor». Esa voz que escuchaba se volvía cada vez más persistente.

La voz, que ahora sé que es el universo, intentaba decirme algo, pero yo no estaba preparado para oírlo. Podía escuchar a la voz diciendo: «Eres alguien mejor», pero no sabía qué hacer con esa información. Entonces, como suele suceder, el universo cambió de táctica.

Ese mismo año falleció mi abuelo. Así, sin esperarlo. El impacto fue como si hubiera caído sobre mí una tonelada de ladrillos. Su muerte dio paso a un pensamiento estruendoso en mi cabeza: «Nunca seré alguien mejor a menos que escape de aquí».

Sabía que tenía que dejar todo aquello atrás si quería tener alguna posibilidad de supervivencia. En el fondo, mi instinto sabía que tenía que desaparecer y encontrar lo que realmente quería en la vida. Necesitaba distanciarme de todo para obtener una nueva perspectiva.

Dos meses después, el universo volvió a llamar a mi puerta. Mi abuelo nos había dejado a mi hermana Linda, a mi hermano Kristian y a mí, 2 000 dólares a cada uno. Cuando mi padre me entregó el cheque, me dijo que lo guardara para mi educación o en una cuenta de ahorros para años posteriores. Mientras sostenía los 2 000 dólares en mi mano, tuve una idea inspiradora. Podía usar ese dinero para volar, comprar un billete de avión y desaparecer. Podía obligarme a mí mismo a empezar de nuevo.

No tenía ni idea de adónde me llevaría ese billete de ida, o qué haría cuando llegara allí, o cómo sobreviviría sin conocer a nadie. Descarté cualquier duda presente en mi cabeza. La voz que escuchaba ahora decía: «No te preocupes por el "cómo"».

Empezar con un objetivo

Saber *exactamente* lo que quieres en la vida es el primer principio de la atracción de la riqueza. Debes decidir los objetivos específicos que quieres alcanzar y tener muy claro esos objetivos y cuál es su importancia en tu vida. La clave es mantener ese objetivo en primer plano y estar abierto a ajustarlo a medida que surjan nuevas oportunidades. ¿Acaso yo tenía claro esto cuando compré ese billete de avión? ¡Para nada!, pero estoy agradecido de que el universo lo supiera por mí.

Lo que sí entendía era que tenía que enfocarme exactamente en lo que quería hacer, ser y tener.

La diferencia del éxito

He estudiado a maestros del éxito como Jack Canfield, el doctor Joe Vitale, Brian Tracy, Napoleon Hill y otros, leyendo sus libros y asistiendo a sus seminarios. Hace tiempo descubrí que estos exitosos líderes comparten un rasgo con algunas de las personas más ricas del mundo: suelen escribir sus objetivos. La investigación lo respalda, los maestros lo predican y mi propia experiencia me lo ha demostrado: anotar los objetivos no es negociable. Cada año escribo ciento un objetivos que lograré en los próximos doce meses. ¡Funciona! Y hago que este acto sea una gran parte de la gestión de mis empresas.

Abandoné mis estudios en la escuela secundaria y me convertí en un miembro de una banda callejera que no tenía el apoyo de una familia adinerada. He estado sin hogar, en bancarrota y deprimido, pero he logrado un éxito increíble a pesar de estas limitaciones. No soy tan diferente a los demás. El enfoque que tengo en mis objetivos y la disciplina que aplico sobre ellos me permite atraer riqueza y oportunidades ilimitadas a mi vida. La definición de los objetivos es una acción poderosa.

Aplicar la definición de los objetivos a los negocios

Cuando se le pregunta a la mayoría de las personas acerca de sus metas, no están seguras de ellas o no pueden articularlas de una manera claramente definida. Parte de mi éxito en los negocios proviene de enseñar a mis empleados cómo soñar e identificar sus metas a través de un ejercicio de definición de objetivos:

1. Escribe todas las cosas que no quieres en la vida.
2. Una vez que no te quede nada por escribir, dibuja una línea después de la última cosa que no quieres en la vida.
3. Luego, en otra hoja de papel, escribe lo contrario de lo que acabas de escribir. Por ejemplo, si escribiste: «No quiero ser pobre», en la otra hoja de papel escribe: «Quiero ser rico». Si escribiste: «No quiero estar solo», escribe lo contrario: «Quiero tener una relación». Y así sucesivamente: no quiero estar enfermo – quiero estar sano; no quiero quedarme atrapado aquí para siempre – quiero viajar y ver cosas nuevas...

4. Una vez que hayas completado tu lista opuesta, haz una tercera lista: «¿Qué puedo empezar a hacer hoy?». Esta lista está destinada a aportar detalles específicos a cada cosa que deseas en la vida. Por ejemplo: «¿Qué puedo hacer hoy que me guste y me haga rico?». Otra opción sería: «Si no quiero estar solo, ¿qué tipo de actividades, trabajos y pasatiempos podría hacer hoy que me permitan tener una gran presencia social y vida amorosa?»; o: «Si quiero estar sano, ¿qué deportes o ejercicios disfrutaría que tengan un impacto positivo en mi salud?».
5. Una vez que hayas creado la lista «¿Qué puedo hacer hoy?», marca con un círculo las cinco frases principales que más te inspiren y agrega una línea de tiempo razonable para dar pasos hacia estos objetivos. Luego, marca con un círculo las siguientes cinco y así sucesivamente hasta que todo esté marcado con fechas límite.
6. Haz que tu lista final sea accesible para que, cuando comiences a tomar medidas, puedas ajustar los detalles y los plazos de la lista.
7. Pensar en lo que no deseas y transformarlo en lo que sí deseas crea una base para la construcción de metas con intenciones y acciones reales. También te prepara para vivir en la positividad, que es algo más que tener pensamientos positivos. La ciencia apoya la definición de objetivos.

Los empleados que se fijan objetivos rinden mejor

Sentarse con los empleados para discutir sus objetivos tiene un impacto sustancial en los resultados, tanto desde una perspectiva motivacional como desde una perspectiva de rendimiento.

Uno de mis mejores agentes comenzó en nuestra organización hace seis años sin metas o deseos reales en la vida. Estaba ansioso por aprender y se adaptó bien a las lecciones que le ofrecí. Terminó escribiendo 92 objetivos que quería cumplir y poner en práctica. Con esta estrategia probada, había logrado 83 de 92 objetivos en menos de seis años.

La anatomía de la atracción de la riqueza

Existe una conexión entre lo que visualizamos en la mente y lo que hacemos realidad con nuestras acciones físicas. A través de la visualización, podemos alterar la fuerza de nuestras ondas cerebrales para ayudarnos a conectar lo que deseamos con nuestra capacidad física para lograrlo. A esto lo llamo «anatomía de la atracción de la riqueza».

Estudio: Tocar el piano en tu mente[1]

Una investigación de la Universidad de Harvard se centró en el cerebro y en cómo lo afectan los pensamientos haciendo tocar el piano a dos grupos de personas, uno en realidad y otro mentalmente. Los integrantes de ambos grupos tenían el mismo intelecto y ninguno había sido preparado para tocar el piano. A un grupo se le dijo que tocara escalas todos los días. El otro grupo debía tocar simplemente pensando en tocar las mismas escalas en el piano que el primer grupo.

Antes del estudio se realizaron exploraciones para medir la actividad cerebral y, después, a los participantes de ambos grupos se les escaneó el cerebro por segunda vez. Los escaneos medían cualquier cambio estructural como resultado de tocar el piano, tanto de forma imaginaria como real.

En ambos grupos, la parte del cerebro correspondiente a los movimientos de los dedos (al tocar el piano) mostraba un crecimiento considerable. Esto evidenció que el simple hecho de pensar en tocar el piano tenía el poder de cambiar el cerebro de los participantes como si hubieran estado tocando las escalas físicamente durante todo el tiempo.

Dar forma a tu realidad requiere visualizar tu futuro con detalles a todo color.

---

1. Pascual-Leone, A., Nguyet, D., Cohen, L.G., Brasil-Neto, J.P., Cammarota, A. y Hallett, M.: «Modulation of muscle responses evoked by transcranial magnetic stimulation during the acquisition of new fine motor skills», Journal of Neurophysiplogy, 74, n.º 3, septiembre, 1995, pp. 1037-1045, doi: 10.1152/jn.1995.74.3.1037

Objetivos detallados «a todo color»

No seas poco preciso al establecer tus objetivos como, por ejemplo: «Quiero ser rico» o «Quiero estar sano». Ésas son sólo las primeras frases del párrafo que detalla tus objetivos. Cuando establezcas un nuevo objetivo, pregunta y responde siempre estas tres preguntas:

1. ¿Cómo será esa cosa o experiencia en detalle cuando lo reciba?
2. ¿Cuánto tiempo me doy para alcanzarlo?
3. ¿Cómo me sentiré y actuaré cuando lo consiga?

Un ejemplo podría ser: quiero ser rico, quiero ganar 50 000 dólares extra este año y quiero hacerlo en los próximos cuatro meses a más tardar. Quiero poder comprobar el balance de mi cuenta bancaria y ver 50 000 dólares adicionales este año y todavía en la cuenta. Sentiré alivio, felicidad, alegría y paz por tener esos ingresos extras y poder cuidar de mi familia y saldar mis deudas.

Las imágenes mentales claras y vívidas son esenciales para crear oportunidades en tu vida. No es necesario que comprendas cómo alcanzar tus metas, sólo ten claro lo que quieres exactamente y cómo te sentirás cuando las alcances.

Principio #2

Asume riesgos, responsabilidades y actúa

Quien no es lo suficientemente valiente para correr riesgos
no logrará nada en la vida.
MUHAMMAD ALI

¿Cómo les dices a tus padres que te vas y que no sabes si volverás?

Me sentía abrumado por el nerviosismo, pero finalmente había reunido las fuerzas para perseguir lo que quería en la vida. Estaba a punto de enfrentarme a mis padres y decirles que tan sólo necesitaba empezar de nuevo. Tenía que hacer algo antes de que la negatividad en mi vida se apoderara de mí nuevamente.

Mientras los tres estábamos reunidos en la casa de mi madre, yo miraba al suelo, recopilando mis pensamientos y tragando bocanadas de aire. Los minutos transcurrían, pero una idea permanecía de forma sólida en mi mente: *no te puedes echar atrás.*

Luego, como si otra persona hablara por mí, las palabras brotaron de la manera más tosca:

—Me voy. He decidido irme. No sólo por un tiempo, sino para siempre. No puedo soportar más estar aquí, me siento atrapado. Mi vida; estoy atrapado en mi propia vida.

No podía evitar que las palabras salieran:

—Necesito..., necesito otro lugar en el mundo para ser feliz.

Era dolorosamente consciente de que mis palabras habían paralizado a mi madre. Ella había trabajado incansablemente para proporcionarme una vida feliz. Mi padre cuestionó mi cordura y luego empezó a razonar.

Entonces, saqué el billete de avión de mi bolsillo trasero.

—Ya he usado el dinero del abuelo. He comprado un billete de avión –dije.

Mi madre, que había permanecido en silencio todo el tiempo, finalmente se volvió hacia mí. La expresión de sus ojos me debilitó. ¿Cómo podría dejarla, tal vez para siempre? Mis manos empezaron a temblar de nuevo. Estaba tratando de encontrar una respuesta para borrar esa expresión de sus ojos, pero no tuve que hacerlo, ya que fue ella quien habló primero.

—Andres, hazlo. Vete. ¡Márchate! Sigue a tu corazón y haz lo que sientas que es correcto. Si todo sale mal, siempre me tendrás aquí esperándote con los brazos abiertos.

Me dio su permiso. Con esa frase, mi madre me liberó de mi tortura al permitirme fracasar.

El regalo que me ofreció el universo ese día me hizo creer que no tenía más remedio que emprender esa acción inmediata, actuar sobre ese pensamiento inspirador de que si desaparecía de aquel lugar, mi vida mejoraría.

Riesgo más acción igual a crecimiento

Cuando finalmente llegué a Bangkok, ardía en deseos de bajar del avión y contemplar el océano azul y las playas de arena blanca, y beber mi primera agua de coco. Sin embargo, cuando bajé del avión, todo lo que pude ver eran edificios de gran altura y un tráfico como nunca había experimentado. Edificios, coches, escaparates y miles de personas me saludaban mientras buscaba el paraíso que había imaginado en mi mente. No había océanos, ni playas, ni palmeras. Había pasado días saliendo de fiesta con los amigos antes de abandonar mi casa, pero no había invertido ni un solo minuto de mi tiempo en investigar sobre el país donde iba a vivir. Llegué con sólo cien dólares a mi nombre, todo lo que quedaba de la herencia de mi abuelo.

Phuket estaba tan al sur que necesitaba otro billete de avión para llegar allí y costaba más de lo que tenía.

Obtienes exactamente cuanto pides, así que pide con sabiduría.

Me encontré comprando un billete de cincuenta dólares para un viaje en autobús de dieciocho horas a Phuket, aconsejado por el único agente de viajes que hablaba mi idioma. Con pocas opciones y sin ningún lugar adonde ir, llegué temprano a la terminal de salidas de autobuses y me senté en uno de los bancos públicos que había frente a la estación.

Dos bancos más allá dos chicos bebían algún tipo de licor. No pasó mucho tiempo hasta que me hicieron señas para que me acercara y me uniera a ellos. Ese escenario, beber en la calle con «amigos», me resultaba familiar, así que me uní a ellos de inmediato.

Mientras les contaba mi historia, me aseguraron que viajar a Phuket era una buena idea porque en esa región había mucho dinero y muchos *farangs* («turistas» en tailandés).

A continuación, me preguntaron si alguna vez había probado el *whisky* tailandés, al que llaman *lao khao*, que significa «arroz fermentado». Me explicaron que era delicioso y muy fuerte. Estaba a punto de subirme a un autobús durante dieciocho horas y comenzar mi nueva vida, lo cual parecía una razón perfectamente válida para celebrarlo, y además pensé que me ayudaría a dormir mejor en el autobús.

Pasé de probar un sorbo a dar dos más, que luego se convirtieron en diez. Lo siguiente que recuerdo es despertarme en un vehículo en movimiento, en total oscuridad. Usando la luz del móvil, miré a mi alrededor y me vi rodeado de bolsas y maletas.

Una vez más, el pánico se apoderó de mí. ¿Por qué me estaba pasando eso? Mi mente se aceleró y mi respiración se volvió irregular. Lo único que podía hacer era mirar a mi alrededor con la tenue luz del móvil. Entonces reparé en que estaba acostado sobre una manta blanca rodeado de bolsas y maletas. Finalmente, entendí que estaba en el compartimento para equipajes del autobús.

No fue hasta que el vehículo se detuvo para cenar que el conductor abrió el compartimento y salí gateando, muy confundido. El conductor me explicó que me había emborrachado tanto que me había desmayado en el banco donde estaba bebiendo con los chicos que acababa de conocer. Cuando mi autobús finalmente llegó a la terminal de salidas, no pudieron despertarme para subir a él. El alcohol de arroz fermentado me había dejado completamente inconsciente.

El conductor me explicó que los chicos con los que había estado bebiendo sabían que iba a Phuket, así que lo convencieron de que me llevara en ese autobús. Preocupado de que pudiera marearme o molestar a otros pasajeros, el conductor accedió a dejarme viajar en el maletero. En lugar de subirme al autobús, dispusieron una manta blanca en el suelo del maletero con una almohada y colocaron todas las bolsas y maletas a mi alrededor, para evitar que rodara de un lado a otro.

En ese momento, creía que el hecho de que me obligaran a viajar a Phuket en el maletero era otra cosa que me estaba pasando, y no podía saber por qué. No encontraba conexión alguna entre mis elecciones y los resultados. Cuando reflexiono sobre esa experiencia, me doy cuenta de que fue el viaje en autobús más cómodo que he hecho en mi vida, y esos dos tipos que nunca volví a ver me salvaron al conseguir que el conductor me llevara en el autobús. El hecho de que el conductor me metiera en el maletero fue un acto de bondad. El universo me estaba presentando la amabilidad y generosidad de la gente de Tailandia, el país al que pronto consideré mi hogar.

Pon tu vida en acción

Al llegar a Phuket con sólo cuarenta dólares, me sentía lleno de emoción y pánico. Estaba listo para comenzar mi nueva vida en ese hermoso lugar, pero sabía que necesitaba encontrar pronto un trabajo.

Me acerqué a todos los hoteles que había a lo largo de los paseos marítimos para ver si alguno de ellos necesitaba un trabajador joven y motivado que hablaba tres idiomas con fluidez. El segundo día conseguí una oportunidad de empleo: un sueldo escaso por repartir invitaciones entre los turistas que visitaran el hotel y explicarles las últimas promociones y paquetes de viajes que ofrecía. Cada vez que entraba un turista con una de mis invitaciones, yo recibía una pequeña comisión. Ahora tenía un trabajo en Tailandia. Lo irónico era que estaba repartiendo folletos y hablando con la gente sobre la belleza y la diversión que podía encontrar en Phuket como si hubiera vivido toda mi vida allí, aunque todavía no había experimentado nada de eso.

Con mi primer trabajo, alquilé una pequeña habitación con un ventilador, una cama y una ducha. Sólo ganaba el equivalente a quince o treinta dólares a la semana, lo suficiente para pagar mi pequeña habitación y comer una ración de sopa todos los días, pero era feliz. Por fin tenía mi océano azul, playas de arena blanca y cocoteros. Había dado un paso en mi vida y, finalmente, estaba dando sus frutos. Lo único que tenía que hacer ahora era seguir adelante.

Riesgo y fracaso

En ese momento, tenía un presupuesto de cien bahts al día (unos tres dólares). Eso cubría mi ración diaria de sopa de fideos (treinta bahts) y gasolina para la moto alquilada que necesitaba para ir al trabajo todos los días (cincuenta bahts). Empleaba los veinte bahts restantes en recargar el saldo de la tarjeta SIM de mi teléfono para pasar el día. Me gastaba el dinero en alcohol en lugar de pagar el alquiler. Sólo podía permitirme un plato de sopa de fideos al día, así que comencé a preguntarle a la simpática tailandesa que trabajaba en el restaurante de fideos si podía comer allí y pagar más tarde.

Incluso con tanta generosidad, me desperté una mañana con un golpe en la puerta y tres agentes de policía al otro lado. Habían venido a desalojarme.

Le debía dinero a todas las personas que conocía y no había nadie a quien acudir en busca de ayuda. No me atrevía a llamar a mis padres y decirles que había vuelto a fracasar; era demasiado orgulloso. Así que allí estaba, endeudado hasta el cuello y sin un hogar donde volver a empezar.

La belleza de la isla de Phuket consiste en que hay dieciséis playas de arenas blancas. Dondequiera que vivas en la isla, siempre estarás cerca de la playa. Mi primera idea fue bajar a la más cercana con mis dos bolsas de ropa, sentarme a la sombra bajo una palmera y averiguar qué hacer ante esa nueva situación en la que me había puesto la vida. Desde mi habitación alquilada, la playa más cercana no estaba a más de 500 metros de distancia.

El primer día y la primera noche bajo la palmera con mis dos bolsas se convirtieron en varias. ¿Merecía la pena el riesgo de haberme mudado aquí para terminar así?, me preguntaba

El fracaso endurece tu espíritu y te enseña lecciones. El éxito llega cuando te tranquilizas y aplicas esas lecciones.

Pasa a la acción

La mayoría de las personas tienen miedo al fracaso, pero lo que les aterroriza es rendirse, darse la vuelta y abandonar sus sueños. Tienen miedo de los desafíos, de no tener éxito tan pronto como quisieran. Lo que no perciben la mayoría de ellas es que, en el momento en que están a punto de tener éxito, se retiran. Empiezan a dudar, a temer, y es entonces cuando realmente fracasan. Si consideramos el fracaso, los contratiempos o los desafíos como oportunidades de aprendizaje, nunca fracasaremos. Aunque mis más de veinte ideas comerciales iniciales no se convirtieron en un éxito total, aprendí de esas experiencias para crear diecinueve oportunidades comerciales muy exitosas.

La ciencia del riesgo

Son numerosos los ejemplos en los que incluso una simple evaluación del riesgo habría acabado con una idea de negocio que resultó ser un gran éxito.

Qué debemos considerar al correr un riesgo:

- Tu cerebro puede percibir el riesgo basándose en la emoción o la lógica.
- Recordarse a uno mismo que correr un riesgo puede ser algo bueno, ya que reduce la ansiedad.
- Aprender a recuperarse del fracaso te ayuda a mejorar tu confianza al asumir riesgos futuros.

Las investigaciones científicas sostienen que los centros de toma de decisiones del cerebro están compuestos por dos tipos de células: excitadoras e inhibidoras. Las células excitadoras constituyen aproximadamente el 80 % de esta parte del cerebro, y las inhibidoras, el 20 % restante.[1] Cuando somos más jóvenes, no tenemos la experiencia para poner obstáculos en nuestras células excitadoras, razón por la cual los niños y los adolescentes no suelen pensárselo dos veces ante comportamientos de riesgo. Con la edad llega la experiencia; esta

1. Buzsáki, G., Kaila, K. y Raichle, M.: «Inhibition and Brain Work», Neuron, 56, n.º 5, 6 de diciembre, 2007, pp. 771-783, doi:10.1016/j.neuron.2007.11.008

experiencia se convierte en un filtro que bloquea la conducta de riesgo porque nuestro cerebro asigna emociones a nuestras experiencias pasadas.

La autora Kayt Sukel dedica una sección de *The Art of Risk* al cerebro joven, en particular a la mente del adolescente notoriamente arriesgado. Detalla investigaciones sobre las hormonas sexuales, la región ínsula del cerebro y cómo los adolescentes responden ante situaciones de «buena idea/mala idea». Sukel cita estudios fascinantes que revelan cosas como que los adolescentes tardan más que los adultos en responder preguntas como: «¿Es buena o mala idea comerse una cucaracha?». Por lo general, los adolescentes tienen que pensar más porque tienen menos experiencia y están abiertos a diferentes posibilidades, por lo que es menos probable que respondan «mala» de inmediato.[2] La lectura de esta investigación me hizo comprender mis tremendas travesuras en la escuela y mi vida con las bandas callejeras en Estocolmo.

El arte de asumir riesgos

Comprendamos cómo nuestro cerebro percibe el riesgo. Las investigaciones recientes sobre el cerebro sostienen que la acción de correr riesgos puede ser consciente o inconsciente.[3] Cuando es inconsciente, es posible que no te des cuenta de la amenaza o de cómo la percibes. Los sentimientos o las emociones pueden oscurecer el pensamiento crítico y racional, o pueden promoverlo. Incluso, si somos conscientes de nuestros sentimientos, no lo somos del impacto que tiene nuestra emoción subconsciente en nuestro deseo de correr un riesgo.

Los estudios científicos también demuestran que las personas que son sociables, impulsivas y agresivas pueden ser especialmente propensas a correr riesgos.[4] Si comparas a Mark Zuckerberg, el «chico universitario sin olfato para los negocios» que fundó Facebook, con los gerentes profesionales de NewsCorp, que dirigían Myspace como un negocio, queda claro a quién le compensó su

---

2. Sukel, K.: The Art of Risk: The New Science of Courage, Caution & Chance. National Geographic, Washington DC, 2016.
3. Pillay, S.: «A Better Way to Think About Risk», Harvard Business Review, 23 de diciembre, 2014, http://hrb.org/2014/12/a-better-way-to- think-about-risk
4. Zuckerman, M.: «Are You a Risk Taker?», Psychology Today, 1 de noviembre, 2000, www.psychologytoday.com/us/articles/200011/are-you-risk-taker

tolerancia ante el riesgo. Ser un corredor de riesgos significa que te apasiona lo que estás haciendo, por lo que generalmente está vinculado a emociones poderosas.

El cerebro está preparado para el aprendizaje basado en los errores, razón por la cual aprendemos de forma natural a partir de la experimentación. Steve Blank, el director ejecutivo de Rocket Science Games que iba a revolucionar la industria de los videojuegos, perdió 35 millones de dólares en financiación. En lugar de renunciar, fundó otra empresa, Epiphany, que hizo ganar a cada uno de sus inversores 1 000 millones de dólares.

Crea felicidad y seguridad

Asumir responsabilidades puede resultar embarazoso, humillante, doloroso e incluso costoso. Sin embargo, aceptar la responsabilidad de tus elecciones también puede ser muy enriquecedor.

Asumir la responsabilidad personal significa no culpar a los demás por tu infelicidad. Significa descubrir formas en las que puedes ser feliz a pesar de los comportamientos (negativos) de los demás y a pesar de las circunstancias externas.

Cuando formaba parte de una banda callejera, sin hacer otra cosa que beber y pelear en las calles de Estocolmo, no creía que tuviera ningún control sobre mi vida y culpaba a quienes me rodeaban por las consecuencias de mis decisiones. Me sentía deprimido e infeliz porque pensaba que no tenía control de mi vida. Una forma de asumir responsabilidades es cambiar tu respuesta emocional y tu conexión con un suceso determinado. Cuando me despedían de mis trabajos, me enfadaba y pensaba que no me lo merecía porque mi jefe no se preocupaba por mí. En cambio, si hubiera reconocido que mi jefe veía que no estaba contento con el trabajo debido a mis acciones y que con el despido lo que hacía era liberarme para que yo pudiera encontrar un trabajo más satisfactorio porque, en verdad, se preocupaba por mí, entonces me habría sentido agradecido y más confiado acerca de mis siguientes pasos. Por supuesto, asumir la responsabilidad de no presentarse en el trabajo a tiempo y ser despedido, y luego sentirse agradecido por ello, requiere esfuerzo. Vale la pena aprender a controlar tu mente emocional de esta manera.

El control mental lleva a la seguridad

Así como un niño no puede imaginarse ser tan físicamente fuerte como un adulto, aquellos de nosotros que no hemos desarrollado la capacidad de interpretar las dificultades de una manera que acepte la felicidad no podemos imaginarnos ser felices en circunstancias extremadamente negativas.

Resulta útil pensar en la capacidad de controlar tu respuesta emocional a un evento específico como un músculo. Así como tus bíceps se fortalecen sólo cuando los ejercitas, si permites que incidentes relativamente poco importantes, como, por ejemplo, un encuentro con una camarera grosera, arruinen tu estado de ánimo, ¿cómo esperas mantener tu felicidad cuando te encuentres ante un suceso más extremo, como, pongamos por caso, recibir la visita durante una semana de un familiar antipático?

Un elemento crítico en el desarrollo del control mental es la voluntad de aceptar todo cuanto se te presente. Si no puedes aceptar por completo tus resultados, como, por ejemplo, un jefe tóxico o mala salud, entonces no podrás interpretar estos resultados de manera positiva y, por lo tanto, no serás feliz. Por consiguiente, asumir la responsabilidad personal de tu felicidad implica, en última instancia, la voluntad de aceptar total e incuestionablemente los resultados que se te presenten en la vida.

Cuanto más hacemos esto, más confianza desarrollamos para emprender nuevas acciones con el fin de recuperarnos y seguir adelante. Una mayor confianza también mejora nuestra capacidad para asumir riesgos.

Actúa «como si»

El filósofo victoriano William James teorizó sobre las emociones y la conducta. James decía que no son nuestras emociones las que guían nuestras acciones (siéntete feliz y te reirás). Al contrario, son nuestras acciones las que guían nuestras emociones (ríe y te sentirás feliz). «Si quieres una cualidad, actúa como si ya la tuvieras», concluía.

El mismo consejo se aplica a casi todos los aspectos de la vida diaria. Al actuar como si fueras un tipo específico de persona, te conviertes en esa persona. Es el llamado principio «Como si».

Principio #3

Céntrate en el «soy»

Las ideas se convierten en cosas.
Si lo ves en tu mente, lo sostendrás en tu mano.
BOB PROCTOR, *You Were Born Rich*

Después de que me echaran de mi pequeña habitación en Tailandia, pasé varios días durmiendo en la playa usando mis bolsas como almohadas y mis dos toallas como mantas. Me aseguraba de despertarme a las cinco en punto, justo antes de que llegaran los primeros turistas o trabajadores, para que no me vieran. Pasaba las noches mirando las estrellas tratando de entender cómo había terminado bajo aquellas palmeras. Algunas noches lloraba hasta quedarme dormido, y otras me enfurecía y culpaba a todos y a todo por haber terminado sin un hogar, excepto a mí mismo.

Una tarde, sentado en la playa, tenía hambre y estaba tratando desesperadamente de averiguar cómo podía conseguir comida. Había pedido prestado dinero a todas las personas que conocía en la zona y la única dispuesta a darme crédito era la encantadora señora del restaurante de fideos. A lo largo de los años, se convertiría en una segunda madre para mí, mientras yo le contaba mi vida ante un plato de fideos calientes. Sin embargo, a pesar de su amabilidad, estaba cansado de los fideos y me moría de hambre en muchos sentidos. Entonces, una idea pasó por mi mente, que me recordó a un viejo amigo de Suecia con quien no había hablado desde que me había ido. Lo llamé y comencé a rogarle que me ayudara para permitirme conseguir una habitación barata en alguna parte. Me escuchó y, cuando terminé mi historia, me dijo que no podía ayudarme con el dinero, pero que me enviaría un correo electrónico con un libro que pensaba que sí podría ayudarme. ¡Pues vaya!

¡Ahí estaba yo, sin un techo y sin nada, y él me ofrecía un libro! ¿Un libro que me ayudaría? Yo pedía dinero porque eso era lo que necesitaba para conseguir comida y una habitación. ¡Un libro! No me lo podía creer. También me sentía avergonzado, así que le di las gracias por ofrecerse a enviarme el libro.

Colgué, enfadado y molesto porque su único ofrecimiento para ayudarme era enviarme un libro. Al cabo de unas horas me di cuenta de que un libro me ayudaría a pasar el tiempo por las noches, sentado en la playa sin nada más que hacer. Quizás ese libro enfocaría mi mente en algo más que mortificarme por cómo la vida estaba siendo cruel conmigo. Lo imprimí en el cibercafé de la zona y comencé a leerlo esa misma noche.

Para aquellos de vosotros que hayáis leído *El secreto* o al menos hayáis oído hablar de él, esperaríais que hubiera tenido una epifanía allí mismo en la playa y que el libro hubiera sido la clave para transformar mi vida por completo, pero no lo fue. Mis primeras impresiones al leer el libro fueron que era poco realista y una basura. Estaba tan enfadado con mi amigo que decidí proyectar toda esa ira sobre el libro.

Piensa en positivo.
Visualiza y recibirás.

¡Menudo montón de mierda!

Me propuse demostrar que las teorías de *El secreto* estaban equivocadas. Iba a seguir las instrucciones del libro al pie de la letra y a demostrar que no funcionaban. Comencé a visualizar cosas pequeñas porque no creía que funcionara y parecía más fácil seguir las instrucciones usando cosas pequeñas, como una taza de café. Me senté en mi toalla en la playa y decidí enfocar mi mente con los ojos cerrados, pensando intensamente en lo bien que me sentiría si alguien me diera una taza de delicioso café caliente. Las primeras veces que lo probé me sentí estúpido, pero como no tenía mucho más que hacer en aquella playa seguí intentándolo. Tras algunos intentos más, comencé a ver en mi cabeza la taza de café con más claridad. Podía ver el vapor saliendo de la taza; podía sentir el aroma.

Dos días después, mientras estaba sentado en la playa, uno de los chicos que se encargaba de las motos de agua se me acercó y me dijo: «Llevo varios días viéndote por aquí, así que he pensado que podría ofrecerte un café. Pareces muy cansado».

¡No me lo podía creer! Aquel ofrecimiento no sólo había manifestado lo que veía en mi mente, sino que era la mejor taza de café que había tomado en mucho tiempo.

Todavía con escepticismo, pero con más curiosidad, decidí manifestar el almuerzo. No había comido nada más que fideos en varias semanas, y la idea de un buen almuerzo me parecía un gran regalo. Cuando cerré los ojos y comencé el ejercicio de visualización, todavía me sentía estúpido. Las primeras veces resultaron incómodas y forzadas. Con el recuerdo del café, seguí intentándolo hasta que pude sentirme comiendo el almuerzo.

Unos días después, me encontré con un viejo colega del hotel.

—Hola Andres –dijo–. Hace tiempo que no te veo. ¿Cómo estás? ¡Déjame invitarte a comer!.

¿Aquello funcionaba o era una coincidencia? Independientemente de que las dos primeras visualizaciones se materializaran, todavía no estaba del todo convencido y decidí que iba a aumentar las apuestas. Me propuse visualizar algo más grande y complejo, ¡cómo conseguir un trabajo mejor! Empecé a visualizar lo bien que me sentiría con un trabajo en el que me pagaran y poder pagar de nuevo una habitación para dormir y ducharme todos los días, ropa nueva y limpia, y una vida mejor; una vida de la que mis padres se sintieran orgullosos.

Visualizar con emoción

Estaba visualizando imágenes vívidas y creando películas en mi mente sobre el nuevo trabajo que quería en mi vida, pero no fue hasta mucho más tarde cuando comprendí que cualquier visualización creativa debe estar respaldada por fuertes emociones positivas. Ahí es donde ocurre el magnetismo y la atracción reales. La verdad es que, al principio, tuve suerte de haberlo hecho sin querer.

Obviamente, no me limité a sentarme y esperar en la playa sintiéndome feliz por conseguir un nuevo trabajo; tenía que actuar. Pasé dos días preguntando por la ciudad sobre ofertas de trabajo. El segundo día, conseguí un trabajo como ejecutivo de marketing, entregando folletos de una inmobiliaria a turistas. Al cabo de unas semanas, en lugar de alquilar una pequeña habitación, podía permitirme una hermosa casita con un pequeño jardín en la parte trasera.

Ahora quería leer muchos otros libros, y ocupaba mi tiempo libre leyendo obras sobre el poder de la mente. Usando la taza de café, el almuerzo y el nuevo trabajo como prueba de que, finalmente, podía tener el control sobre mi propia vida, comencé a implementar muchas de las enseñanzas de los libros que leía. ¿Tenía finalmente el control porque estaba comenzando a pensar de manera diferente, o bien había estado renunciando con anterioridad al control sobre mi vida al no pensar de manera diferente?

La respuesta es menos importante que el simple hecho de comenzar a pensar de manera distinta. Con mi nuevo entusiasmo por la vida, empecé a usar afirmaciones diarias después de conocer el poder de la autosugestión de Napoleon Hill en su libro *Piense y hágase rico*. Aprendí a programar mi mente subconsciente para todo lo que deseaba lograr, experimentar o tener durante las sesiones de meditación, sobre lo cual leí trabajos de otros autores como Tony Robbins y Jack Canfield. También comencé a escribir mis metas a diario y a colocar los papeles por todo mi apartamento y mi oficina.

Las cosas se fueron sucediendo de forma muy rápida en mi vida a medida que mejoraba cada vez más en las visualizaciones creativas, calmaba mi mente y anotaba los objetivos diarios. Mi vida cambió debido a mi rutina matutina de sentarme en mi jardín y visualizar todas las metas y los eventos que quería materializar. De camino al trabajo, repetía mis afirmaciones en voz alta. Me sentaba en el coche y gritaba: «¡Soy el mejor vendedor de Tailandia! ¡A todos los que me conocen les encanta hacer tratos conmigo! ¡Yo creo mi realidad! ¡Soy un vendedor nato! ¡Soy una persona exitosa! ¡Soy una persona feliz y servicial! ¡Estoy en proceso de hacerme rico!». Finalmente sentía que tenía el control de mi vida, y eso me motivaba a seguir esforzándome más y a emprender cada vez más acciones.

Los sentimientos que imaginas en tu mente respecto a personas, lugares y cosas son los ingredientes más poderosos para crear tu mejor realidad.

El poder del «soy»

Una de las cosas que he agregado a los conocimientos que adquirí durante dieciséis años de todos los libros que leí y los seminarios a los que asistí es el poder del *soy*. Añadir la palabra «soy» delante de cualquier afirmación la realza, ya que de esta forma hablas directamente con tu alma, que se conecta con tus pensamientos subconscientes y conscientes. Es a través de este proceso de autosugestión que pude remasterizar mi vida.

En las paredes de mi salón y de mi dormitorio tengo el mismo guion que repito a diario, y durante el día mi subconsciente lo ve en la pared y lo tiene en cuenta. Las inscripciones que tengo pintadas son:

SOY un ser completo.
SOY una persona sana.
SOY feliz.
SOY rico.
SOY útil.

A veces repito estos cinco puntos de enfoque más de cien veces en los días en que estoy trabajando en un gran proyecto en mi negocio. Si bien esto puede parecerte una tontería o una pérdida de tiempo, ten en cuenta que, si puedes controlar tu mente, también puedes controlar tu vida. Tu mente es principalmente una máquina subconsciente si consideras todas las cosas que tiene que hacer sin pensar de forma consciente, como respirar. La concentración obliga a la mente a reprogramarse.

Tu mente consciente es muy protectora en cuanto a lo que deja entrar a tu supercomputadora, la mente subconsciente. Actúa como un guardia de seguridad las veinticuatro horas del día, asegurándose de que no entre nada sin una razón adecuada.

Las afirmaciones diarias son muy importantes para mantener tu estado de ánimo elevado y tu subconsciente programado con el pensamiento y los comportamientos correctos que necesitas para lograr tus deseos más profundos. Añadir la palabra «soy» a mis afirmaciones diarias marcó la diferencia.

Cinco puntos de enfoque importantes del «soy»

Hay infinitas posibilidades en las que puedes centrar tus afirmaciones. He descubierto que, al limitarlas a estas cinco en concreto, puedo intensificar mi enfoque y así obtener resultados más rápidos y significativos.

SOY un ser completo: He elegido «SOY un ser completo» porque me siento profundamente agradecido por ser una persona completa sin impedimentos y deseo seguir siéndolo. Algunas personas tienen desventajas físicas. Otras luchan contra la depresión, la ansiedad o problemas de confianza en sí mismas. Recuerdo haber luchado contra la depresión, la paranoia y la ansiedad; entonces no estaba completo. En este sentido, ahora soy una persona completa y elijo ser consciente y sentirme agradecido por ello. También reconozco que, debido a que soy un ser completo, tengo poco derecho a quejarme o a poner excusas y por este motivo debo ayudar a los necesitados.

SOY una persona sana: Ésta es otra afirmación que tiene un significado poderoso, ya que nada en este mundo puede resultar muy placentero si tienes un cuerpo enfermo. Practicar ejercicio y seguir una dieta nutritiva son hábitos esenciales para estar saludable, por lo que éste es un enfoque primordial en mi vida. Asimismo, descubrí que, cuando me concentro en mi salud, me resulta más fácil concentrarme en mis otros objetivos de éxito.

SOY feliz: «SOY feliz» es una clave fundamental para mi éxito y mis logros. Siempre debemos programar nuestra mente para tener una perspectiva feliz y positiva para que podamos disfrutar de lo que hacemos y tenemos en la vida. Enfocarnos en ser felices nos hace más productivos, agradecidos y abiertos a nuevas experiencias.

SOY rico: «SOY rico», como he dicho anteriormente, proviene del hecho de que primero necesitamos crear lo que queremos en nuestras mentes antes de que pueda manifestarse en nuestro mundo físico. Tu mente debe aceptar el concepto de riqueza, libre de creencias limitantes y dudas sobre ti mismo. Sólo podemos convertirnos en eso a través de la repetición constante hasta que nuestra mente subconsciente lo considere del todo cierto sin restricciones. Nuestro mundo tiene abundantes riquezas, y cualquiera puede compartir esa abundancia con el estado de ánimo adecuado para recibirla.

SOY útil: Ésta siempre ha sido una afirmación importante para mí. No hay mejor sentimiento que ayudar a otros necesitados sin esperar nada a cambio. No es necesario conocer a una persona para ayudarla, y siempre hay gente necesitada en todas partes; sólo tienes que hacer un pequeño esfuerzo para encontrarla.

He elegido estas cinco afirmaciones porque representan lo que más me importa y son las características que deseo seguir teniendo a lo largo de toda mi vida. ¿Cuáles serán las tuyas?

Me he mantenido motivado usando este método y programando continuamente mi mente, mi alma y mi sistema de creencias repitiendo estas afirmaciones y convirtiendo esta práctica en un hábito y una rutina. Por supuesto, también he tenido altibajos y, a veces, pueden pasar semanas sin que practique mis afirmaciones, pero me guío gentilmente de regreso a la práctica.

Meditación y visualización

A menudo, cuando mis empleados tienen bajones o meses menos productivos, les pregunto si se han fijado nuevas metas para ellos mismos o si han echado un vistazo o leído sus metas ese mes. Asimismo les pregunto si están leyendo algún libro y, de ser así, cuál. Luego me gusta preguntar cuándo fue la última vez que hicieron afirmaciones. Por lo general, hacer estas preguntas les ayuda a darse cuenta de que se han salido de la rutina y eso es suficiente para reactivar de nuevo los hábitos que les conducen hacia el éxito.

Una forma en que me aseguro de repetir mis afirmaciones diarias es creando un recordatorio físico de mis visualizaciones durante la meditación. Al empezar a trabajar en la venta de bienes inmuebles, para alcanzar acuerdos, comenzaba escribiendo una letra o dos en mis manos. Por ejemplo, cada vez que iba en el coche de camino a la inmobiliaria, miraba mis manos en el volante y veía «mv», que significaba «mejor vendedor». Entonces me repetía: «Soy el mejor vendedor de Phuket». O cuando quería tener un coche nuevo, un Toyota Vios, escribía «tv» en mi mano para que cada vez que viera esas letras me repitiera: «Estoy conduciendo un Toyota Vios». Si alguien me preguntaba acerca de las letras escritas en mi mano, le decía que era una cita que necesitaba recordar. Por lo tanto, no importa adónde vayas durante el día, asegúrate de tener pequeñas señales que te ayuden a recordar tus afirmaciones y a programarte con esos pensamientos positivos.

Principio #4

Tiempo para pensar: Conviértelo en una prioridad

Quédate a solas, ése es el secreto de la invención;
quédate a solas, ahí es cuando nacen las ideas.
NICOLA TESLA

El primer negocio que tuve fue la agencia inmobiliaria que lancé después de renunciar al cargo de director de ventas de la inmobiliaria donde comencé. Durante esos primeros años, había ahorrado lo suficiente para abrir mi propia pequeña inmobiliaria y ahora era dueño de mi propio negocio. Mi nivel de seguridad era alto, pero a pesar de que en mi mente estaba en camino de conseguir un éxito increíble en el sector inmobiliario, todavía tenía mucho que aprender sobre cómo administrar un negocio.

Varios meses después de administrar la agencia, empezaron los problemas de nuevo. Tenía muy pocos clientes y los ingresos por las ventas habían disminuido. Debía pagar el alquiler de mi oficina, a los proveedores de material de marketing y a dos empleados. Empecé a pedir dinero prestado para pagar las facturas. Ése fue el comienzo de otra espiral descendente.

Mi peor «fracaso» empresarial

Por aquel entonces, no estaba ganando suficiente dinero y mis deudas comenzaban a acumularse: llevaba dos meses sin pagar el alquiler de la oficina y no podía pagar a mis dos empleados. Para empeorar las cosas, recibí una llamada telefónica de los propietarios del edificio, los cuales me dijeron que tenía que hacer las maletas e irme, ya que iban a alquilar el local a los dueños de otro negocio.

No tuve más remedio que declararme en quiebra.

Tuve que enfrentarme a mis empleados y decirles que íbamos a cerrar y que no podría pagar su salario. Aquellos trabajadores confiaban en mí, dependían de mí. Me apoyaban y tenían familias que dependían de ellos. Ése fue uno de los momentos más difíciles a los que me he enfrentado en mi vida.

Mi agencia cerró oficialmente. Entonces, empecé a preguntarme: «¿Por qué ha sucedido esto? ¿En qué momento empezó a ir mal todo? ¿Cómo ha podido ocurrir? ¿Qué situaciones me han llevado a esto y qué puedo hacer para mejorar?».

Aprender de los errores

Mi primer error fue adquirir una oficina en una parte remota de la ciudad por donde no pasaban clientes ni compradores. Alquilé ese espacio en concreto porque era grande y barato. Mi idea era ir a lo grande al principio, para poder ocupar la oficina con más empleados y más ordenadores, y que los clientes se quedaran impresionados cuando nos visitaran.

Pronto descubrí (uno de mis fracasos) que debería haberme centrado en ganar clientes antes de comenzar a expandirme. El marketing siempre debe ser lo primero y la oficina impresionante después. Sin clientes, no obtienes ventas. Sin ventas, no obtienes ingresos. Sin ingresos, no tienes nada cuando se trata de negocios.

Anoté todas las cosas que salieron mal y por qué salieron mal. Mi primer descubrimiento fue que había dejado de fijarme objetivos. De forma inconsciente, había abandonado el hábito diario de llevar a cabo las afirmaciones, las visualizaciones y la meditación cuando abrí mi primera empresa. Dejé de leer libros de autodesarrollo y de escuchar cintas de audio y otros productos y materiales motivadores. Me había quedado atrapado en la prisión mental de preocuparme por todas las cosas que no quería en mi vida de nuevo. Me había concentrado en la tristeza y la escasez en lugar de en la felicidad y la abundancia.

Esa noche saqué mi bolígrafo y comencé a escribir todas mis metas y deseos, de menor a mayor. Cuando terminé, me di cuenta de que no había realizado la práctica de la visualización durante casi un año. ¿Aquello podría tener un impacto tan grande en mi vida?

Enseguida me dirigí a mi jardín trasero. Allí estaba mi vieja silla justo donde la había dejado hacía más de un año, deteriorada por el sol y la lluvia. Me di cuenta de que, al igual que la silla, me había desgastado y cansado por descuidar todas las cosas que me habían proporcionado tanta felicidad. Por ello, empecé a meditar de nuevo, y después de realizar una sola sesión me sentía lleno de calma y tenía mucho más claro lo que quería ser, hacer o poseer en mi vida. Escribí afirmaciones y apliqué mis autosugestiones respaldadas por sentimientos positivos.

Mis paredes comenzaban una vez más a cubrirse de folios de tamaño A4 con afirmaciones firmes escritas por todas partes. Empezaron a aparecer de nuevo imágenes de cosas materialistas en mi casa y en el frigorífico, así que pude ver las cosas que quería a diario. Estaba operando de nuevo desde la mentalidad de la abundancia.

No tenía oficina ni empleados, pero sí mi puesto de marketing en un espacio de seis metros cuadrados en nuestro centro comercial de la zona. Comenzaba las mañanas en mi jardín pensando en lo maravilloso que sería tener clientes felices a quienes les encantara comprarme bienes inmuebles. Mis profundas meditaciones matutinas me llenaron de una pasión recién despertada. Dos meses antes de que venciera el siguiente pago de mi casa, comencé a obtener ventas y a generar ingresos de nuevo.

No pasó mucho tiempo hasta que me hice con una base de datos sólida de compradores e inversores que me instaron a desarrollar un proyecto de edificación de apartamentos. Me había ganado su confianza y respeto después de colocar sus fondos en inversiones inmobiliarias de alto rendimiento. ¡Era natural decir que sí porque hacía tiempo que visualizaba el objetivo de convertirme en promotor inmobiliario!

La crisis entra en nuestra vida porque perdemos el enfoque personal y la confianza interior. Cuando gestionamos una emergencia, a menudo buscamos una verificación externa de que todo va a ir bien. Vamos hacia fuera en lugar de hacia dentro, lo que nos provoca estrés y ansiedad adicionales. Una crisis hace que perdamos el contacto con lo que queremos y la confianza en nuestra capacidad para obtenerlo.

Tiempo para pensar

Amo la naturaleza. Me encanta escalar montañas y pasar días rodeado de la naturaleza, lejos de la civilización, sin poder consultar mis correos electrónicos o incluso hacer una llamada telefónica. Reconocer que el mundo puede sobrevivir sin ti durante varios días es el primer paso para poder desapegarte y concentrarte en tu interior. Así es como me recargo de nueva energía y motivación, y aprendo a amar la vida en sí misma. Creo que conectarnos con la naturaleza es esencial para nuestro espíritu. En el mundo moderno de hoy, permanecemos desconectados de la energía de la tierra, lo que nos ha hecho perder parte de nuestra espiritualidad. Procedemos y somos parte de la naturaleza y, cuando pases unos días en ella, te sentirás reconfortado y feliz. La propia naturaleza te habla cuando prestas atención y permaneces en el momento presente, yo siempre acudo a ella en mis momentos de reflexión.

Tomarse un tiempo para estar solo no significa que uno deba sentirse solo. Simplemente quiere decir que te estás enfocando en ti mismo, la persona que debería ser más importante para ti en este mundo. Es fundamental tener personas en tu vida a las que amas, pero nunca debes poner a los demás antes que a ti mismo hasta el punto de vivir una experiencia desagradable. En lugar de eso, tómate un tiempo cada día sólo para ti. Puedes pasarlo meditando, dando un paseo, haciendo un poco de terapia de compras o trabajando en tu tablón de sueños o lista de objetivos. Independientemente de lo que elijas hacer durante el tiempo que te dediques cada día, asegúrate de que la actividad te beneficie de alguna manera, ya sea para apaciguar tu mente, relajar tu cuerpo o ayudarte a concentrarte en lo que deseas lograr a continuación. Ha de ser un momento en el que el miedo y la preocupación no puedan afectarte, y te debe dejar recargado y listo para volver a lo que sea que necesites hacer a continuación con el fin de lograr tus sueños.

Tiempo de respuesta

Una de las principales cosas que aprendí en el mundo de los negocios es que, cuando nos golpea una crisis, nuestro instinto es luchar o huir, como les ocurre a todos los seres vivos en la naturaleza. Si un negocio va mal, inmediatamente nos preguntamos: «¿Debo luchar para ganar o debo abandonar?». Cuando te enfrentas a una caída en las ventas, a un pésimo empleado, a competidores que te roban tu negocio, a problemas fiscales o de financiación, resulta fácil dejar de pensar en las soluciones y comenzar a centrarse en las respuestas de lucha o huida. Cuando estás en modo de lucha o huida, tener tiempo para pensar y estar solo es un gran desafío. Como pasé muchos años en este modo reaccionario, aprendí a evitar ese estado emocional y relajarme.

El fundador del Instituto de Medicina Mental y Corporal de Harvard, el doctor Herbert Benson, acuñó el término «respuesta de relajación». La respuesta define tu capacidad personal para alentar a tu cuerpo a liberar sustancias químicas y señales cerebrales que ralentizan tus músculos y órganos, y aumentan el flujo sanguíneo al cerebro. Es, esencialmente, la reacción opuesta a la respuesta de «lucha o huida». La respuesta de relajación es una forma de relajación profunda, que afecta y activa el sistema nervioso parasimpático, y se practica a través de actividades como la visualización, la meditación, las afirmaciones, las técnicas de respiración y el yoga.

Sus estudios a lo largo de las décadas de los sesenta y los setenta indicaron que la secreción normal de hormonas del estrés contribuía a desarrollar muchas afecciones médicas como las enfermedades cardiovasculares, los trastornos gastrointestinales y la fatiga suprarrenal. Su investigación también ha demostrado que el uso regular de la respuesta de relajación puede ayudar a aliviar los problemas de salud relacionados con el estrés, como el insomnio y la hipertensión.[1]

Pasar tiempo a solas es una forma de autocuidado

Encontrar tiempo para estar contigo mismo te ayuda a practicar el autocuidado, una excelente técnica para concentrarte en ti y en lo que quieres lograr en esta vida. Cuando puedas amarte a ti mismo por completo, entonces, podrás amar de verdad a otra persona. Pasar tiempo a solas no significa que seas egoísta, simplemente indica que estás comprometido, tanto contigo como con

---

1. Mitchell, M.: «Dr. Herbert Benson's Relaxation Response», Psychology Today, 29 de marzo, 2013, www.psychologytoday.com/us/blog/heart-and-soul-healing/201303/dr-herbert-benson-s-relaxation-response

aquellos a los que prestas servicio. De este modo, te conviertes en tu mejor versión cuando dedicas tu tiempo con la mayor frecuencia posible a hacer cosas que te aportan paz y amor. Eres tu mayor fan y la persona más motivadora de tu vida. Es importante cuidar al número uno (tú) y permitirte sentirte completo de nuevo.

Los mayores logros provienen de la soledad.

Principio #5

La celebración crea adicción al progreso

Los compañeros deben cuidarse unos a otros, divertirse, celebrar el éxito, aprender del fracaso, buscar motivos para elogiar a los demás y no criticar. Comunicaos con libertad y respetaos mutuamente.

RICHARD BRANSON

Antes de llegar a Tailandia, recuerdo principalmente oscuridad. Traté de dejar las calles de mi familia callejera para dedicarme a un trabajo que se suponía que me iba poner en el camino correcto. Abandoné la comodidad de las calles que conocía, la camaradería, la sensación de formar parte de algo, aunque fuera malo. En las calles, cuando ganaba una pelea, mi familia callejera se emocionaba por mí. Sentía el impacto que tenía en las calles, y dicho impacto volvía a mí en forma de vibraciones positivas, que es una de las razones por las que fui leal a mi vida de pandillero durante tanto tiempo, a pesar de que casi acaba conmigo.

En Estocolmo, sentado a mi mesa de la empresa de telemarketing, rodeado de otras personas durante todo el día, me sentía completamente solo e inútil. Cuando cerraba una venta, siempre se elogiaba a otra persona por haber cerrado otra más significativa. Las bonificaciones eran para los que cerraban más ventas, y al resto de nosotros no se nos reconocía. En aquella empresa se elogiaba a los mejores y se despedía a los peores, mientras que los que estábamos en medio éramos invisibles.

Ya he dicho antes que odiaba tanto ese trabajo de telemarketing que, después de llegar tarde tantas veces, me despidieron, dejándome en un estado paranoico que me hacía pasar el día mirando por la mirilla de mi apartamento. ¿Era aquel trabajo el responsable de mi ansiedad, mi depresión y mi falta de motivación? No, al final eso era cosa mía. Sin embargo, ¿fue el trabajo el responsable de hacerme sentir invisible, de que no valía nada y de que era reemplazable?

Con diecinueve empresas y cientos de empleados en diferentes tipos de negocios, desde inmobiliarias hasta gimnasios y cafeterías, ahora ya he experimentado un gran éxito. Una gran parte de ese éxito radica en la creación de equipos que siempre se sientan vistos, escuchados y que son insustituibles.

En aquella oficina de telemarketing, los premios eran para el empleado del mes o para la persona que había conseguido las mayores cifras de ventas. Este sistema de recompensas siempre me pareció desmotivador. La dirección sólo valoraba a los empleados que siempre ganaban. No había logros de equipo ni reconocimientos para los trabajadores que apoyaban a los mejores vendedores. En más de una ocasión, vi renunciar a buenos trabajadores y muchos, como yo, eran aislados y desempeñaban cargos inferiores. Lo único que aprendí de ese trabajo fue que los equipos importan. Todo el mundo merece ser reconocido.

Por cada victoria, debe haber una celebración. Tomarte el tiempo para reconocer tus éxitos impulsará inmediatamente la positividad y vencerá la negatividad. Puede que no desees organizar una fiesta por cada logro conseguido, pero al menos reconócelo, date una palmada en la espalda y sonríe por ello.

Durante mi adolescencia y los primeros años pasados en Phuket, llevé la celebración a un nivel completamente nuevo. De joven, cada noche era una fiesta para celebrar la vida, porque ¿quién sabía lo que iba a pasar mañana? Todo mi dinero era para comprar alcohol y pasar tiempo con mis amigos. Incluso, cuando me mudé por primera vez a Tailandia y conseguí mi primer trabajo en el hotel, que tan sólo consistía en distribuir folletos promocionales, cogía el poco dinero que ganaba y de nuevo salía de fiesta con los compañeros de trabajo que tenían la misma perspectiva de la vida. Celebrar algo con tus amigos o incluso los compañeros de trabajo de esta manera está bien de vez en cuando, pero no debes convertirlo en un hábito diario o en el enfoque principal de tu vida.

Los pequeños errores casi siempre nos hacen sentir mal. Por lo tanto, lograr pequeñas metas siempre debería hacernos sentir bien.

Celebra los éxitos con los demás

Muestra entusiasmo, siempre. Todo esto es más importante y divertido de lo que piensas. No te tomes tan en serio; relájate y quienes te rodean se relajarán también. Diviértete.

Crea un gran trabajo en equipo organizando salidas para tus empleados. Siempre que mi equipo de ventas bate un récord o alcanza los objetivos propuestos, lo celebramos. Planeamos una salida juntos y disfrutamos de nuestros momentos de victoria y trabajo en equipo. Grandes sentimientos de logro invaden a los miembros del equipo y se dan cuenta de que es mucho más divertido y productivo celebrar el éxito en compañía que estar solos. Les imploro a los empleados que celebren y sean felices cuando se enteren de los logros de otros, incluso si los consideran rivales.

En 2016, mi equipo y yo batimos un récord de ventas duradero que habíamos estado tratando de superar durante casi dos años y, tras ese logro, ¡invité a todo el equipo de ventas a escalar la cima de uno de los volcanes activos más altos del sudeste asiático! Nuestros espíritus se llenaron de alegría, alivio y felicidad. Nos sentimos unidos después de realizar esa escalada extrema de cuatro días. Compartimos tiendas de campaña, nos sentamos alrededor de las fogatas y compartimos historias sobre nosotros mismos. Nuestros equipos se han vuelto tan solidarios y serviciales entre sí, que están superando los récords e ingresos anteriores.

Celebra las cosas cotidianas

Tómate el tiempo para celebrar las pequeñas cosas todos los días, lo cual va de la mano con encontrar esas pequeñas cosas por las que estar agradecido. Celebra una comida casera que hayas preparado, un día exitoso en el trabajo o, tal vez, una nueva relación comercial que no tenías antes. Las celebraciones no deben limitarse a cuando tu empresa haya logrado un gran avance o una venta. Celebra también las pequeñas cosas, como los cumpleaños de los empleados o sus aniversarios de bodas. Conoce a tus empleados; no celebres sólo el éxito de la organización, sino también el éxito individual en la vida de todos.

Puedes hacer una celebración pequeña o grande. Puedes simplemente meditar y reflexionar sobre lo que logrado, o ir a un concierto y celebrar la vida con todos bailando a tu alrededor. Tómate el tiempo para celebrar junto a otras personas y maximiza la sensación de alegría y logro. La clave es que, cuando vayas a incluir a otras personas en tu celebración, debes ser consciente de su experiencia emocional y planificar algo que todos vayan a disfrutar.

Crea adicción al progreso

Teresa Amabile, profesora de la Escuela de Negocios de Harvard, dirigió un estudio que analizó 12 000 anotaciones en el diario de 238 empleados de siete empresas.[1] Los hallazgos fueron fascinantes.

La motivación de los trabajadores aumentaba cuando anotaban sus logros a diario. La práctica de registrar nuestros progresos, explica Amabile, nos ayuda a apreciar las pequeñas victorias, lo que a su vez aumenta nuestra confianza.

La confianza es la clave para lograr éxitos futuros más considerables.

Esta investigación y un artículo de Patrick Edblad me demostraron que el hecho de reconocer los logros desencadena el centro de recompensa de nuestro cerebro, sin importar cuán pequeños sean. Nuestro cerebro libera lo que yo llamo «hormonas de la felicidad», que son sustancias químicas esenciales que, cuando se liberan, nos proporcionan una sensación de logro y orgullo.[2]

Una de esas hormonas, el neurotransmisor dopamina, es la sustancia química que nos proporciona esa dulce sensación de recompensa, pero también nos empuja a actuar sobre lo que desencadenó su liberación en primer lugar.

Me sorprendió descubrir que la misma sustancia que hace que las personas se enganchen al juego, la nicotina y el alcohol, básicamente, crea una adicción al progreso. Como yo había salido de la calle, ese concepto de «adicción al progreso» tenía mucho sentido para mí.

---

1. Amabile, T. y Kramer, S.J.: «The Power of Small Wins», Harvard Business Review, mayo, 2011.
2. Edblad, P.: «How to Stay Motivated: The Art and Science of Leveraging Small Wins», Productive! Magazine, n.º 21, acceso en febrero de 2019, http://productivemag.com/21/how-to-stay-motivated-the-art-science-of-leveraging-small-wins

Principio #6

La ley de la donación vibracional

Si supieras lo que sé sobre el poder de dar, no dejarías pasar una sola comida sin compartirla de alguna manera.
SIDDHARTA GAUTAMA

La mayoría de la gente sabe que dar puede llevar a recibir. Maestros del éxito como John Gray, Jack Canfield y Tony Robbins enseñan la ley de la atracción en lo que concierne a dar: lo que das se te devolverá multiplicado por diez. Si bien creo firmemente en el principio de que el universo te devuelve diez veces más de lo que das, en mi opinión, la mayoría de la gente está dando de manera incorrecta. El acto de dar es tan simple como regalar dinero a alguien que lo necesita con un sentido del deber o de la responsabilidad espiritual. Creo que el acto de dar debe ser en forma de «donación vibracional». ¿Cuál es la diferencia?

Donación tradicional: La forma en que la mayoría de la gente dona es diezmando. Ésa es, por ejemplo, la manera convencional de dar 10 % de tus ingresos a una organización religiosa. La mayoría de las religiones enseñan que debemos dar 10 % del dinero que recibimos como forma de «pago» a Dios. Si bien eso ha funcionado durante siglos, y no tengo ningún argumento en su contra, no es la forma en que yo lo hago.

El doctor Joe Vitale le dice a la gente que done el 10 % de sus ingresos a cualquier lugar donde reciban alimento espiritual. Puede ser un conductor de Uber, un camarero, alguien que conoces en una tienda que te dedica palabras de aliento o una organización benéfica. Me gusta esta idea porque contempla la posibilidad de dar a otros y no exclusivamente a la Iglesia.

Responsabilidad o donaciones basadas en obligaciones: Cuando donamos dinero (y quizás tiempo) a organizaciones benéficas, grupos de acción u organizaciones de impacto como Toys for Tots, Girl Scouts o la Cruz Roja, lo hacemos por un sentido de la responsabilidad o del deber. Nos sentimos obligados a apoyar una causa con la que nos identificamos de alguna manera. Una vez más, no es así como creo que deberíamos practicar el hecho de dar.

Donación vibracional: Hace tiempo descubrí una forma específica de dar que tuvo como consecuencia convertirme en multimillonario antes de los treinta y cinco años. Me concentro en la emoción que siento mientras estoy dando. El sentimiento de apego a la ofrenda es mucho más importante de lo que la mayoría de la gente cree. Si sientes odio mientras haces cualquier cosa, estás creando un «campo de atracción» para experimentar el odio más tarde. Si sientes amor mientras haces algo, también estás comprometido con un principio para atraer el amor hacia ti más adelante. El problema es que la mayoría de las personas sólo dan dinero y esperan únicamente dinero a cambio. Si bien eso funciona, es algo limitado. El universo puede reservarte algo mejor que el dinero. He aprendido que en esta «donación vibracional» consiste el verdadero secreto del dar.

Da y el universo te devolverá diez veces más.

Da sin esperar nada a cambio

Una vez hice una caminata de catorce días por la India con mi amigo David (en un bicitaxi, debo añadir) para recaudar dinero para Cool Earth, una organización benéfica que compra áreas de selva tropical en América del Sur para preservarlas y asegurarse de que nunca sean taladas. Durante ese viaje, condujimos por todo el norte de la India a través de algunas de las ciudades y los pueblos más pobres donde muchos de los lugareños ni siquiera habían visto a un turista. Éramos un espectáculo cuando menos extraño: un hombre inglés, blanco y calvo (David), y un chico de aspecto latino (yo) viajando por la ciudad en un bicitaxi motorizado casero que se estropeaba continuamente, dejándonos perplejos sin saber cómo repararlo. Sin embargo, cada vez que sucedía eso, un grupo de habitantes del pueblo se acercaba en cuestión de un momento, inspeccionaba el vehículo y se las arreglaba para solucionar el problema. Cada vez que recibíamos ayuda, buscábamos nuestras carteras para darles una propina por su tan apreciado trabajo, y siempre la rechazaban. Lo hacían de corazón y por pura bondad humana. La india es también una de las culturas más amables y serviciales que he conocido. Con la ayuda que nos prestaban reforzaban la ley de la donación vibracional.

Da esa emoción, recibe esa emoción

Cuando le deseo a alguien un buen día, lo hago con un sentimiento sincero de querer que esa persona tenga un buen día. La mayoría de la gente dice: «Que tengas un buen día» sin ningún sentimiento. Es una frase automática, sin vida. El sentimiento que pongo detrás de «buen día» cuando le digo esas palabras a otra persona es amor. Lo hago de forma intencionada y, como resultado, espero recuperar ese sentimiento de amor. Puede ser una gran noticia sobre un proyecto, un cheque, una idea rentable, una nueva conexión, o alguna otra razón para celebrar, pero doy amor y lo que recibo es amor.

Cuando das dinero y te sientes eufórico, lo que recibirás a cambio es algo acompañado por el sentimiento de euforia. Puede volver a ti en forma de dinero, pero también podría ser cualquier otra cosa. Como has dado con cierta emoción, lo que recibas será la misma emoción, pero multiplicada al menos por diez.

Permíteme compartir mi historia sobre cómo gané mi primer millón de dólares con este método.

En Tailandia, en tu cumpleaños no recibes regalos, sino que los haces. Hacer regalos en un cumpleaños en lugar de recibirlos era algo completamente nuevo para mí cuando me mudé por primera vez a Tailandia, pero comencé a practicarlo.

Hace muchos años, en mi cumpleaños, visité un orfanato en Tailandia donde muchos de los niños tenían el VIH. El orfanato no contaba con el apoyo del gobierno y luchaba por seguir funcionando. Yo quería ayudar con algo más que con la bolsa de juguetes que había llevado como regalo. Acepté pintar la fachada del edificio y todas las habitaciones asumiendo los costes. No recibí ningún dinero a cambio; lo hice porque me sentía muy bien sabiendo que los estaba ayudando.

Mientras visualizaba que me hacía con mi primer millón de dólares, tampoco sabía cómo sucedería. Cuando estaba en ese orfanato, no pensé que gastar dinero en él me fuera a proporcionar un millón de dólares más tarde. Lo único que sabía era que aquellos niños necesitaban ayuda y el hecho de ayudarlos me haría sentir bien.

Invertí unos 80 000 dólares en contratar al personal para pintar y rehabilitar el orfanato. Si bien, en aquel momento, esa cantidad era aproximadamente una cuarta parte de mis ingresos mensuales, gastarla no me hizo sentir estresado ni preocupado, sino que me produjo bienestar. Mi acción no fue calculada: no di dinero para conseguir dinero. En lugar de eso, hice algo que me hizo sentir muy bien, y esperaba que más tarde sucediera algo que también me provocaría un gran sentimiento, pero el dinero no era el enfoque. Sólo me aseguré de reconocer la emoción.

Como resultado, unas semanas después, se concretó un trato que tenía en marcha. Logré vender una propiedad que valía tanto que mi comisión fue de más de un millón de dólares. En realidad, fue un millón más unos 80 000 dólares, así que no sólo gané mi primer millón, sino que también recuperé mi inversión en el universo.

El sentimiento que tuve cuando invertí en ayudar al orfanato (un buen sentimiento) volvió a mí multiplicado (un sentimiento fantástico). Copié ese cheque, lo enmarqué y aún lo miro todos los días. ¿Se trata de una coincidencia? Si sólo me hubiera pasado una vez, entonces pensaría que sí. Pero he visto que muchas cosas maravillosas se producían en mi vida como resultado de la donación vibracional.

Practicar la donación vibracional funciona para mí y también funcionará para ti. La Madre Teresa tenía razón cuando dijo: «No se trata de cuánto hacemos, sino de cuánto amor ponemos en hacer. No se trata de cuánto damos, sino de cuánto amor ponemos en dar».

Da primero lo que quieras recibir

Empecé a tener éxito y a ser rico cuando apliqué la mentalidad de la donación vibracional. Cada vez que veo a un mendigo en la calle, me aseguro de sacar el billete más grande de mi cartera. La sonrisa, la sorpresa y la reacción emocional que esto provoca me proporciona un gran sentimiento de alegría y gratitud. Me gusta ser el que da más de lo esperado y sin expectativas sobre cómo lo usará el destinatario. Si diera dinero a personas necesitadas porque quiero que lo usen de cierta manera, entonces no estaría practicando la donación vibracional. Si les doy dinero porque sé la alegría y la felicidad que sentirán, entonces sí la estoy practicando.

Ésa es la razón por la que la ley de la atracción funciona para algunas personas y no para otras. Se trata de reconocer la emoción que guía tus acciones.

Si lo que buscas es dinero, asegúrate de ayudar primero a otros a ganar dinero. Si lo que buscas es una relación, asegúrate de ser también un buen amigo, oyente y compañero. Nunca falla. Tienes que aprender a leer las señales, los signos y las corazonadas cuando esos momentos de recepción vuelven a ti. La ley de la donación vibracional es el núcleo de la atracción de la riqueza y la creación de oportunidades ilimitadas en tu vida.

El budismo y dar con intención

La importancia de dar con emoción positiva es una de las prácticas centrales del budismo. Buda enseña que mucho más importante que el regalo es la intención y el estado mental en el que se da. Los beneficios kármicos se amplifican después de que uno da de forma pura.

Un regalo puro es aquel que se proporciona para el momento, la persona y las circunstancias adecuadas, y se obtiene por medios honestos. Dar con intenciones puras es proporcionar con compasión, con atención y sin afectar de forma negativa a los demás.

Dar es saludable

Ser parte de algo más grande que nosotros mismos podría ser una de las mejores cosas que podemos hacer, tanto por los demás como por nosotros. Diversos estudios han demostrado que tener un propósito al margen de uno mismo es beneficioso para la salud física y mental, la longevidad e incluso los genes. Por ejemplo, los investigadores de la UCLA analizaron tanto la felicidad eudaimónica como la felicidad hedónica.[1] «Eudaimonía» es una palabra griega que se traduce comúnmente como «felicidad» o «bienestar»; sin embargo, se ha propuesto «prosperidad o crecimiento humano» como una traducción más precisa.

La felicidad eudaimónica se centra en el significado y la autorrealización, y define el bienestar con respecto al grado en que una persona está del todo operativa.

Por otro lado, la felicidad hedónica se define por la autogratificación, el logro del placer y la evitación del dolor; el tipo de felicidad que podrías sentir al derrochar en algo a lo que le habías echado el ojo hace tiempo.

Los investigadores de la UCLA vincularon estos dos tipos de felicidad con cambios genéticos y comprobaron que la felicidad eudaimónica estaba relacionada con niveles más bajos de expresión de genes inflamatorios y niveles más altos de anticuerpos y genes antivirales. La felicidad hedónica tenía el efecto contrario.

Dar es adictivo

El sentimiento de euforia que experimentamos se conoce como el «subidón del ayudante», una expresión introducida por Allan Luks, un experto en voluntariado y bienestar. Muchos investigadores han observado la idea de que el altruismo se comporta como una droga milagrosa. El cardiólogo de Harvard, Herbert Benson, dice que «ayudar a los demás es una puerta que uno puede atravesar para olvidarse de sí mismo y experimentar la sensación física natural programada en la mente».[2]

Todos hemos oído hablar del «subidón del corredor», el resultado del aumento de los niveles de endorfinas. El subidón del ayudante ocurre cuando las personas realizan buenas acciones para otras personas. En otras palabras, es un ejemplo clásico del sistema de recompensas incorporado en la naturaleza

1. Wheeler, M.: «Be Happy: Your Genes May Thank You for it», UCLA Newsroom, 29 de julio, 2013.

2. Santi, J.: The Giving Way to Happiness: Stories and Science Behind the Life-changing Power of Giving, p. 9. Penguin Press, Nueva York, 2016.

para quienes ayudan a otros. Después de pasar tantos años buscando mi «subidón» de formas poco saludables, me fascinaba este concepto.

Un estudio de 2007 de la Universidad de Oregón exploró las diferencias que se producían en la actividad cerebral cuando las donaciones eran voluntarias frente a las donaciones obligatorias.[3] A los participantes se les dio cien dólares y se les dijo que nadie sabría cuánto se quedaban o donaban. Ni siquiera lo sabrían los investigadores que los reclutaron y escanearon sus cerebros. Las opciones de donación se almacenaron en una unidad de memoria portátil, y las donaciones indicadas por los sujetos se pagaron en efectivo o se enviaron por correo a una organización benéfica sin saber quién había dado qué.

Una resonancia magnética medía las respuestas cerebrales. A veces se pedía a los sujetos que donaran parte de su dinero en efectivo a un banco de alimentos local. Otras, se cobraba un impuesto que enviaba su dinero al banco de alimentos sin su aprobación. A veces recibían dinero extra y, en otras ocasiones, el banco de alimentos recibía dinero que no provenía de los sujetos participantes en el estudio. Los sujetos que hicieron la donación voluntaria al banco de alimentos experimentaron un «resplandor cálido». Las áreas del cerebro que liberan la dopamina, la sustancia química del placer, se iluminaron inesperadamente (el caudado, el núcleo accumbens y la ínsula). Éstas son las mismas áreas que responden cuando comes un postre o recibes dinero. Me fascina el hecho de que estemos físicamente programados para querer dar.

Dar empieza por ti mismo

Ámate a ti mismo primero para poder dar amor a los demás. Del mismo modo, si lo que deseas es dinero, ayuda a otras personas a ganarlo, y eso es lo que volverá a tu vida. Cuanto más lo hagas, más recibirás. Por esa razón, la ley de la donación vibracional es uno de los principios esenciales y podría ser tan vital como la meditación. Independientemente de lo que des, ya sea una cantidad pequeña o grande, toma medidas inspiradoras y da lo que sientas que está bien. Nunca des porque esperas que el universo te devuelva el dinero. Debes dar con

3. Harbaugh, W.T. et al.: «Neural Responses to Taxation and Voluntary Giving Reveal Motives for Charitable Donations», Science, 316, n.º 5831, junio, 2007, pp. 1622-1625.

buenos sentimientos en tu corazón. Deja que el amor sea la emoción que gobierne tus pensamientos y acciones, ya que es la emoción más confiable y poderosa del mundo. Aprender a amarte a ti mismo primero es como encontrar el sentido de la vida. El amor en sí mismo puede ser el propósito de una existencia y te deparará días llenos de alegría y felicidad.

Ahora sé que, cuanto más das, más recibes, pero ¿qué pasa cuanto más gastas? La forma en que he llegado a comprender el principio de gastar el dinero se relaciona con la energía. Dado que todo es una forma de energía, ésta se puede manipular, lo que significa que puede verse afectada. Además, la forma en que cambiamos la energía del dinero se basa en los sentimientos que tenemos cuando gastamos. Cuando damos dinero, sabemos que recibiremos algo a cambio diez veces mayor. El mismo principio se aplica también a gastar el dinero, siempre que infundamos la energía de ese dinero con vibraciones positivas, una actitud positiva y buenas intenciones. Cuando gastes dinero con ese estado de ánimo, entonces volverá a ti multiplicado por diez.

Si estás gastando dinero y pensando: «Vaya, tal vez, esto cuesta demasiado», «Tal vez no debería haber hecho eso», «¿Es esto lo correcto?» o, aún más importante, «¿Recuperaré ese dinero de nuevo?», entonces, éste es un proceso completamente diferente. Estás enviando las vibraciones equivocadas. Experimentas preocupación y miedo en lugar de felicidad, paz e incluso gratitud. Cuando gastes dinero con preocupación en tu mente, perderás la oportunidad de recibir, de ser bendecido. Cuando des con la intención o el propósito incorrectos, no recibirás nada útil a cambio.

Por lo tanto, cuando des o gastes, concéntrate en la intención correcta y deja que el universo se preocupe por lo que recibirás a cambio.

Dar hace crecer a las empresas

La firma de investigación y consultoría Great Place to Work realizó un estudio de varios cientos de empresas y más de 380 000 empleados para crear su lista de «Mejores lugares de trabajo para retribuir» de 2018. La investigación llevada a cabo demostró que las empresas que retribuyen a la comunidad retienen más a sus empleados, poseen más embajadores de marca y el entusiasmo de sus trabajadores es mayor.[4] Además, los empleados de las organizaciones que retribuyen tienen trece veces más probabilidades de sentirse con ganas de ir a trabajar.[5] Una vez más, incluso si no creyera sinceramente en la ley de la donación vibracional y no hubiera cosechado las recompensas que ésta conlleva, seguiría inculcando la cultura de la generosidad en mis empresas, ya que está demostrado que aumenta el rendimiento. Dar es, por tanto, un buen negocio.

Encuentra siempre una razón para dar y fortalecer a los demás. A cambio, tendrás éxito en todo lo que intentes lograr. Sé justo en todos tus actos y tratos, y el universo te proporcionará éxito y felicidad.

---

4. Frauenheim, E.: «Why Companies That Give Back Also Receive», Fortune, 9 de febrero, 2018.
5. Ibíd.

Principio #7

Gratitud

Un verdadero héroe no se mide por la fuerza de sus músculos,
sino por la fuerza de su corazón.
«Zeus», Hércules de Disney.

Aprender sobre visualización me enseñó la práctica de la gratitud. La gratitud es un concepto poderoso defendido por muchas de las personas más exitosas del mundo. Si la gratitud era esencial para ellas, decidí que debía entender por qué y cómo aplicarla del mismo modo en que lo habían hecho.

La clave que encontré para la gratitud fue dejar de preocuparme por las cosas que no tenía en mi vida; cambiar mi enfoque a lo que *sí tenía* marcó la diferencia. Debía reconocer que estaba agradecido por estas cosas. Aprender a ser agradecido todos los días me abrió muchas puertas para tener oportunidades.

Al estudiar cómo aplicar la gratitud en mi vida, pude mejorarla por completo. Mientras estaba sin hogar y repartiendo folletos para la inmobiliaria, comencé a practicar la gratitud. Daba las gracias al universo por todas las cosas que tenía y dejaba de preocuparme por las que no tenía. Aprender a ser agradecido todos los días me proporcionó muchas oportunidades. Mi vida mejoraba a diario. Pasé de ser un comercial que repartía folletos bajo el sol a ser un ejecutivo de ventas, luego a gerente de ventas y, por fin, a director de ventas, siempre en la misma empresa. Todo esto sucedió en dos años gracias a lo que estaba aprendiendo y cómo lo implementaba en mi vida.

Cambiar mi enfoque a lo que *tenía* en lugar de lo que *no tenía* fue tan simple como encender un interruptor en mi cabeza. Pude comprobar que concentrarme en lo que me faltaba no me dejaba valorar lo que sí tenía.

En lugar de mortificarme por la falta de dinero para comprar un billete de avión de Bangkok a Phuket, estaba agradecido por el conductor del autobús que le dio a mi yo inconsciente y borracho una oportunidad y le llevó a Phuket.

En lugar de concentrarme en no tener suficiente dinero para comer, di gracias por la señora que cocinaba la sopa de fideos y que se aseguraba de que yo tuviera algo para comer todos los días incluso cuando no podía pagar. Cuanto más pensaba en ella, más agradecido me sentía porque me daba cuenta del impacto que había tenido en mí.

Esa mujer se convirtió en una figura importante en mis primeros días en Tailandia, ya que era un ángel. El restaurante sólo tenía cuatro mesas con doce sillas, y la mayor parte del tiempo, cuando yo iba, estaba vacío. Cuando comencé a visitar el restaurante y la señora me daba un plato de fideos gratis, pensé que simplemente sentía pena por mí porque estaba necesitado. No había duda de que se había dado cuenta de eso. A veces pasaban semanas sin que yo le pagara y, no obstante, ella seguía sirviéndome mi plato diario de sopa de fideos. Esa mujer se convirtió en mi segunda madre, pues me alimentó durante casi un año sin ninguna garantía de que alguna vez pudiera pagarle.

De lo que me di cuenta rápidamente fue de que ella disfrutaba dando a los demás sin pedir nada a cambio. Solía ver su sonrisa, que siempre acompañaba a la sopa, como una sonrisa de lástima. Cuando me concentré en el hecho de que me ofrecía un plato de sopa de fideos con una sonrisa en lugar de en que no podía pagarle por ello, su sonrisa me hizo sentir amado, no compadecido. Aquella mujer fue la primera persona que me hizo entender la importancia de dar sin esperar nada a cambio y lo bueno que era adoptar la gratitud para ser feliz y tener éxito. ¡Tenía un corazón de oro! Jamás la olvidaré mientras viva.

La parte triste de esta historia es que finalmente perdimos el contacto. El restaurante que visitaba en esos primeros días en Phuket lleva mucho tiempo cerrado y hace años que no lo veo. Sin embargo, una de las 101 metas que escribo cada año siempre es localizar a esa mujer y construirle un restaurante adecuado para que sirva su sopa de fideos. Significaría mucho para mí poder darle las gracias de esa manera. Visualizo ese día y la veo sonreír de nuevo. Siempre que necesito un recordatorio del poder de la gratitud, primero la recuerdo a ella. Recordar concentrarse en lo que se tiene en lugar de en lo que no se tiene es la clave de la gratitud. Te sorprenderás de lo mucho por lo que tendrás que estar agradecido una vez que hagas este cambio mental.

Otra persona por la que estoy eternamente agradecido es mi amigo sueco que me envió *El secreto*. En lugar de centrarme en el hecho de que no me diera el dinero que necesitaba, me concentré en todas las bendiciones que me trajo su único acto. Si no hubiera sido por ese acontecimiento, no sé si estaría donde estoy hoy, y mucho menos escribiendo un libro sobre los 18 principios de la riqueza. Siento mucha gratitud hacia ese amigo. Leer ese primer libro me ha ayudado a lograr muchas cosas. Cuando rechazó prestarme el dinero pero me regaló el libro, comencé a desarrollarme como persona por primera vez en mi vida. Estoy muy agradecido por ese regalo que nunca deja de proporcionarme cosas.

Mostrar gratitud es muy fácil

Es muy fácil mostrar lo agradecidos que estamos, ya sea en forma de propina, por ejemplo, cuando comemos en un restaurante o utilizando una expresión verbal de gratitud. Puede ser la voluntad de ayudar a otros no sólo recompensando su bondad, sino también mostrando cuán agradecidos podemos estar. Mostrar gratitud puede ser un gesto tan pequeño como una carta sincera escrita a mano o una llamada telefónica, o tan importante como recompensar a un compañero de trabajo con un viaje por su dedicación y arduo trabajo. La gratitud puede tomar muchas formas, pero no requiere de ningún esfuerzo. Sólo se tarda un segundo en decir «gracias», y hacerlo con sinceridad.

El efecto de la gratitud

En la investigación de la psicología positiva, la gratitud se asocia a una mayor felicidad. Las personas sienten emociones más positivas, disfrutan de buenas experiencias, mejoran su salud, se enfrentan a la adversidad y entablan relaciones sólidas. Cuanto más investigaba sobre la gratitud, más me daba cuenta de lo poderosa que podría ser para cambiar mi vida de la manera más positiva.

En 2013, un artículo de la revista *Personality and Individual Differences* informó de que las personas agradecidas experimentan menos dolores y molestias y afirman sentirse más saludables que otras.[1] No es sorprendente que investigaciones adicionales indiquen que las personas agradecidas tienen más probabilidades de cuidar su salud, hacer ejercicio con más frecuencia y hacerse chequeos médicos regulares.[2] La investigación sobre la salud en torno a la gratitud tenía mucho sentido para mí, y comencé a notar cómo me sentía físicamente en las semanas y los meses posteriores a comenzar a practicar constantemente ejercicios de gratitud. Además de sentirme más fuerte a nivel físico, noté que también me sentía más fuerte a nivel mental.

El doctor Robert A. Emmons, un destacado investigador de la gratitud, ha realizado múltiples estudios sobre el vínculo entre la gratitud y el bienestar. Su investigación confirma que la gratitud aumenta efectivamente la felicidad y reduce la depresión.[3]

Cuando muestras gratitud de forma intencionada, obtienes resultados intencionados.

Gratitud en los negocios

Cuanto más practicaba la gratitud con regularidad, la convertía en un hábito diario y me sumergía más en las filosofías de gratitud de otras personas de éxito, más me daba cuenta de la herramienta oculta que podía ser en los negocios. Tengamos en cuenta dos hechos simples relacionados con la gratitud en la vida profesional.

En primer lugar, un estudio de 2014 publicado en *Journal of Applied Sports Psychology* demostró que la gratitud aumentaba la autoestima del atleta, algo esencial para conseguir un alto rendimiento.[4] Otros estudios han demostrado

---

1. Hill, P.L., Allemand, M. y Roberts, B.W.: «Examining the Pathways between Gratitude and Self-Reported Physical Health across Adulthood», Personality and Individual Differences, 54, enero, 2013, pp. 92-96.
2. Nguyen, A.: «5 Reasons Why Practicing Gratitude is Important in Healthcare», PreCheck Blog, 11 de octubre, 2017, www.precheck.com/blog/5-reasons-why-practicing-gratitude-important-healthcare
3. Emmons, R.: «Why Gratitude Is Good», Greater Good, 16 de noviembre, 2010.
4 Hung, C.L. y Wu, C.H.: «Gratitude Enhances Change in Athletes' Self-Esteem: The Moderating Role of Trust in Coach», Journal of Applied Sports Psychology, 26, n.º 3, 2014, pp. 349-362.

que la gratitud reduce las comparaciones sociales. En lugar de resentirse con las personas que tienen dinero o mejores trabajos (un factor importante en la reducción de la autoestima), las personas agradecidas saben apreciar los logros de los demás.

Al trabajar en ventas y tener que establecer una red cercana de personas para ayudar a unir mis importantes proyectos inmobiliarios, entiendo el poder de hacer que la gente quiera trabajar con uno. Reconocer las contribuciones de otros conduce a nuevas oportunidades, que son fundamentales para el éxito exponencial. Algo tan simple como un «gracias» muestra aprecio y buenos modales, y puede ayudarte a ganar nuevos amigos, según un estudio de 2014 publicado en la revista *Emotion*.[5] El estudio concluyó que dar las gracias a las personas que acabamos de conocer, como agradecer a un desconocido que nos sujete la puerta o escribir una nota rápida de agradecimiento a un compañero de trabajo, nos hace más propensos a buscar una relación continua.

Activa tu actitud de gratitud

El primer paso para activar tu actitud de gratitud es comenzar internamente y sentirte agradecido por ti mismo, tus dones y lo que has logrado. Ser agradecido internamente es muy desafiante porque a menudo puede hacernos sentir egoístas. Apreciarse a uno mismo y a sus dones es un sentimiento extraño.

No importa cuán insignificantes sean los motivos para dar las gracias, hay muchos aspectos de nuestra vida diaria por los que podemos mostrar gratitud: un hermoso día soleado, un viaje al trabajo sin estrés, un camarero alegre en nuestra cafetería favorita u obtener un descuento en una comida.

Ejercicio: «Práctica de gratitud»

Elige un momento al final de cada día para dedicar diez minutos a practicar la gratitud. Es esencial hacerlo en ese instante para reflexionar sobre el día, expe-

---

5. Williams, L. y Bartlett, M.: «Warm Thanks: Gratitude Expression Facilitates Social Affiliation in New Relationships Via Perceived Warmth», Emotion, 15, n.º 1, agosto, 2014.

rimentar la gratitud e irse a dormir con estos pensamientos que pueden filtrarse en nuestro subconsciente.

1. Dedica tiempo a pensar en tu día, todo lo acontecido, tus sentimientos con respecto a las experiencias vividas y lo que te depara el mañana.
2. Empieza por concentrarte en pequeñas cosas por las que puedas sentirte agradecido, como haber encontrado un buen sitio para aparcar en el supermercado, haber disfrutado de una taza de café por la mañana, alguien que te ha abierto la puerta o incluso haber ido al gimnasio a practicar ejercicio.
3. A medida que te vayas dando cuenta de todas las pequeñas cosas por las que estás agradecido, comienza a verbalizarlas. Por ejemplo: «Estoy agradecido por la persona que tuvo la amabilidad de sostenerme la puerta. Estoy agradecido de que esa persona me viera como merecedora de amabilidad. Estoy agradecido de haber tenido la fuerza de voluntad para ir al gimnasio hoy y honrar mi salud y mi cuerpo. Estoy agradecido por la energía que tengo para hacer ejercicio y por estar enfocado en mi salud para disfrutar de una vida mejor».
4. A continuación, dedica un tiempo a concentrarte en cosas más importantes que agradeces tener en tu vida: una relación especial, un negocio que rinde, la oportunidad de viajar, un diagnóstico de buena salud, tus hijos o una nueva oportunidad.
5. A medida que te vayas dando cuenta de todas las cosas importantes por las que estás agradecido, comienza a verbalizarlas: «Estoy agradecido por mi pareja y por cómo puedo expresar el amor y recibirlo de esa persona de una forma incondicional. Estoy agradecido de que esa persona vea lo mejor de mí para que yo también pueda ver lo mejor de mí. Estoy agradecido por este acuerdo comercial y lo gratificante que es poder brindar nuevas oportunidades para mi empresa, los compañeros de trabajo y los clientes. Estoy agradecido de que mis compañeros de trabajo compartan mi visión y me ayuden a liderarlos para que todos podamos prosperar juntos».
6. Finalmente, revisa tu gratitud y pídele al universo que reconozca tu aprecio tanto por las cosas pequeñas como por las grandes. Dedica unos momentos a pensar en cómo te sientes después de expresar por lo que estás agradecido ese día.

Cuando practicas el principio de sentirte agradecido todos los días, tanto si reflexionas en privado durante la meditación como si expresas agradecimiento personal a aquellos que te han mostrado bondad o te han ayudado de alguna manera, el universo te dará más cosas a cambio por las que estar agradecido. El universo reconocerá que estás sinceramente agradecido por lo que la vida te ha dado, ya seas rico o pobre, y continuará proporcionándote cosas buenas por las que estar agradecido. Cuando nos damos cuenta de todo lo que podemos agradecer en nuestra vida, nuestro cuerpo se llena de paz, alegría y felicidad por lo que ya tenemos. Dejamos de necesitar lo que no tenemos y nos sentimos satisfechos con las cosas de nuestra vida. Cuando practicamos la gratitud, podemos dejar ir y relajarnos con lo que ya poseemos. Así, pasaremos nuestros días tranquilos, agradecidos y felices. El universo reconoce esos sentimientos positivos en tu vida, lo que continuará permitiéndote sentirte agradecido. El principio básico es: agradece todas las cosas que tienes, sin importar cuán grandes o pequeñas sean, y mantente abierto a recibir y ser agradecido.

Sin la gratitud consciente, todavía estaría viviendo en una playa.

Principio #8

Ten ideas tan descomunales que los demás se sientan incómodos

La mente tiene su propio lugar, y puede hacer un cielo del infierno o un infierno del cielo.
JOHN MILTON

¿Mi viaje de indigente a multimillonario sucedió porque me hice muy bueno en establecer objetivos y en meditar? No. Si eso fuera cierto, tendríamos un mundo lleno de multimillonarios. Un gran éxito proviene de una disciplina extraordinaria, dedicación y el poder de pensar en grande. Para obtener grandes éxitos, debes tener y ejecutar grandes ideas.

Pensar en grande y actualizar conceptos no son habilidades con las que nacemos, sino que es necesario ejercitarlas.

Una de las claves para pensar en grande es incorporar tantos principios de éxito como sea posible mientras imaginas tus ideas inspiradoras. Cuando estás inspirado, tu subconsciente alimenta tus pensamientos, por lo que debes actuar sobre las ideas inspiradoras de inmediato, antes de que tu subconsciente deje de nutrirte de inspiración. Actuar es el primer paso para hacer que tus ideas crezcan cada vez más.

La segunda cosa en la que debes centrarte cuando tengas una «gran idea» es cómo puedes hacerla más significativa y que cause un mayor impacto. No te concentres en cómo lo harás. No te concentres en el coste de la idea o en las críticas a las que te enfrentarás. Por lo tanto, no dejes que los detractores te detengan cuando tengas una idea inspiradora; en lugar de eso, da rienda suelta a tu mente y piensa en esa idea en el sentido más grandioso. Hazla tan grande que, cuando la describas, la gente se sienta incómoda.

Caso de estudio: Pensar a lo grande

En 2006, Blake Mycoskie formó una empresa que diseña y vende zapatos, gafas, café, indumentaria y bolsos.

Éste es el desglose de cómo sucedió:

- En 2006, mientras estaba de vacaciones en Argentina, Mycoskie se percató de que los jugadores de polo locales usaban alpargatas, un sencillo zapato de lona sin cordones que comenzó a usar él mismo (y que se convirtió en el prototipo de la línea de zapatos).
- Mycoskie dijo que mientras realizaba trabajos de voluntariado en las afueras de Buenos Aires, se dio cuenta de que muchos de los niños corrían por las calles sin zapatos.
- Mycoskie se sentía agradecido por poder comprar zapatos cuando otros no podían y le entusiasmaba resolver el problema de esos niños descalzos. Ser agradecido y cariñoso es una combinación poderosa.
- Su idea inspiradora era desarrollar un tipo de alpargata para el mercado norteamericano, con el objetivo de proporcionar un nuevo par de zapatos gratis a los jóvenes de Argentina y otras naciones en vías de desarrollo por cada par vendido.
- Mycoskie buscó el asesoramiento de Bill Gates, quien lo alentó al confirmar que la falta de zapatos en Argentina era uno de los principales factores que contribuían a la prevalencia de las enfermedades en los niños.
- Mycoskie, inspirado por su idea, tomó medidas inmediatas y vendió su empresa de educación vial en línea por 500 000 dólares para financiar su empresa de calzado. Inicialmente encargó a los fabricantes de calzado argentinos la fabricación de 250 pares de zapatos. Las ventas comenzaron oficialmente en mayo de 2006. Mycoskie no tenía experiencia en la industria del calzado, por lo que iba a correr un riesgo significativo, pero de todas formas lo asumió.
- El nombre de la empresa proviene de la palabra «mañana» y evolucionó a partir del concepto original, «Zapatos para el Proyecto Mañana» («Shoes for Tomorrow Project, en inglés): TOMS Shoes había nacido. Mycoskie creó la empresa con las emociones positivas de amor y gratitud, con el deseo de marcar una diferencia real.

- Después de que se publicara un artículo en *Los Angeles Times*, la compañía recibió pedidos por nueve veces el stock disponible en línea y se vendieron 10 000 pares en el primer año. El primer lote de 10 000 zapatos gratis fue destinado a niños argentinos en octubre de 2006.
- Su primer año fue tan exitoso que Mycoskie amplió su inspiradora idea. En 2007, la compañía lanzó su evento anual «Un día sin zapatos», que anima a las personas a descalzarse durante el día para crear conciencia sobre el impacto que los zapatos pueden tener en la vida de un niño. El evento ha tenido patrocinadores corporativos como AOL, Flickr o Discovery Channel.
- Antes de finalizar 2012, TOMS había proporcionado más de dos millones de pares de zapatos nuevos a niños en países en vías de desarrollo de todo el mundo.
- En junio de 2014, Mycoskie estableció un objetivo claro de vender parte de su participación en la empresa para ayudarla a crecer más rápido y cumplir sus objetivos a largo plazo. Bain Capital la adquirió de inmediato.
- La riqueza de Mycoskie tras el trato se estimó en 300 millones de dólares; conservó la mitad de la propiedad de TOMS, así como su papel como «principal donador de zapatos».
- Mycoskie dijo que emplearía la mitad de las ganancias de la venta para iniciar un nuevo fondo para apoyar el espíritu empresarial con mentalidad social, y Bain igualaría su inversión y continuaría con la política Uno por Uno de la empresa.

El punto importante de este ejemplo es que TOMS fue valorada en más de 600 millones de dólares sólo seis semanas después de que surgiera la inspiradora idea de Mycoskie. El modelo Uno por Uno tuvo tal impacto que ahora lo han adoptado muchas empresas.

La idea de Mycoskie se convirtió en un gran éxito por tres razones:

1. Usó la asesoría (Bill Gates) para echarle más combustible a su idea y hacerla aún más significativa.
2. Actuó de inmediato al invertir 500 000 dólares para producir los primeros 250 pares de zapatos.

3. Continuó contribuyendo a la idea e impulsando su crecimiento pensando cada vez más a lo grande (caridad e inversión).

Los zapatos no fueron la gran idea; Mycoskie imitó unos zapatos que ya existían en Argentina y los vendió en Norteamérica. La gran idea consistió en intentar solucionar el problema de los niños descalzos utilizando un negocio exitoso.

Su idea sigue creciendo. Cuando TOMS vende un par de zapatos, otro nuevo par se destina a un niño pobre. Cuando TOMS vende gafas, parte de las ganancias se utiliza para salvar o mejorar la vista de personas en países en vías de desarrollo. La compañía lanzó TOMS Roasting Co. en 2014, y con cada compra de café, trabaja con otras organizaciones llamadas «socios donantes» para proporcionar 140 litros de agua limpia, el equivalente al suministro de una semana, a una persona necesitada. En 2015, se lanzó TOMS Bag Collection para financiar avances en la salud materna. Las compras de TOMS Bags ayudan a proporcionar formación para parteras tituladas y distribuir kits de parto que contienen artículos que facilitan que las mujeres tengan un parto seguro.

¿Crees que la fantástica compañía de Blake Mycoskie fue el resultado de una idea inspiradora? No. Mycoskie tenía un plan inicial para una empresa de calzado que retribuía, que estaba cumpliendo una de sus apasionadas misiones. Comenzó con una idea singular y luego aplicó varios principios de éxito que hemos comentado en este libro. Siento mucho respeto por TOMS y lo que ha hecho. Es un ejemplo perfecto de cómo pensar en grande conduce a un gran éxito y de cómo un gran éxito nos permite mejorar la vida de quienes nos rodean.

Puedes crear oportunidades ilimitadas en los negocios y en la vida entrenando tu mente para pensar en grande. La idea inicial puede ser pequeña, pero la forma en que continúes pensando en ella debe ser grandiosa. Comencé queriendo mejorar la experiencia de mis clientes de la inmobiliaria durante las reuniones para luego crear otro negocio en el mercado de las cafeterías.

Café Famous

En la industria inmobiliaria, cuando los clientes vienen a reunirse con los constructores, se ofrece café y una comida ligera. Queremos que los clientes estén concentrados y presten atención a nuestras presentaciones, no pensando en que tienen hambre o sed.

Un día, alguien se dio cuenta de que nuestros competidores siempre servían a sus clientes un café mediocre para llevar o un café instantáneo barato que se puede comprar en cualquier tienda. Esta observación generó una idea inspiradora.

Inmediatamente visualicé cómo mejoraría la experiencia si tuviéramos una fantástica cafetería en nuestro edificio que siempre sirviera un delicioso café recién hecho y sabrosas exquisiteces que nuestros clientes pudieran disfrutar. La clave era actuar de inmediato. Creamos la primera cafetería en una sección de una de nuestras oficinas de desarrollo, e incluso establecimos nuestra propia marca, comprando los granos de una plantación tailandesa famosa por su calidad y sabor. Al entrar en nuestro edificio de camino a una reunión, los clientes entraban por primera vez en la cafetería y, muy pronto, regresaron a nuestro edificio sólo para tomar una taza de café, un pastel o un refrigerio. Entonces, comenzamos a recibir excelentes críticas de nuestro servicio, café y comida. Al final, nos expandimos localmente y ahora tenemos tres sucursales que disfrutan de mucho éxito.

La idea principal de abrir una cafetería en nuestra sede era proporcionar a los clientes una sensación especial cuando acudían a las reuniones. Sin embargo, la idea se hizo cada vez más grande y luego se convirtió en una franquicia. Podría haberme detenido con una única cafetería, pero seguí pensando en cómo podía hacerlo aún mejor.

Inicialmente, llamé a las cafeterías Green Mountain, refiriéndome a la región verde de Tailandia que suministraba los granos. Decidí cambiar el nombre de la cafetería porque, en una de mis sesiones de reflexión, se me ocurrió que el nombre correcto evocaría el sentimiento que quería que la gente experimentara. Entonces, cambié el nombre de las cafeterías a Famous, ya que ésta es una palabra bastante simple que la gente podría recordar y pensé que a los clientes les gustaría usarla. Dirían: «Nos vemos en el Famous» o «Estoy en el Famous». Hay un buen sentimiento asociado con la palabra. Cuando te preguntan: «¿Adónde vas a tomar un café hoy?», es difícil no sonreír cuando dices: «Voy al Famous». Es una sola palabra con connotaciones positivas y suena de una forma especial, como un lugar al que irías para conocer a algunas celebridades. Puede que sólo vayas a tomar una taza de café, pero te marcharás sintiéndote genial debido a la experiencia. Cuando me vino a la mente el nombre de Famous, supe al instante que iba a salir muy bien. Ahora lo único que escucho es cuánto disfrutan los clientes en el Famous.

Los demás no verán tu visión porque no es su trabajo hacerlo, pero sí es tu trabajo hacer realidad la visión.

Caso de estudio: Actuar con rapidez ante grandes ideas

En 2011, dos hombres debatían en una fiesta sobre lo frustrados que les hacía sentirse el coste de las hojas de afeitar. Entonces, se les ocurrió una idea inspiradora llamada Dollar Shave Club. Lo que hizo que los fundadores Mark Levine y Michael Dubin tuvieran tanto éxito fue la rapidez con la que actuaron de acuerdo con su idea. Con su propio dinero e inversiones del vivero empresarial Science Inc., comenzaron a operar en enero de 2011 y lanzaron su sitio web 90 días después.

El servicio de membresía se lanzó por primera vez el 6 de marzo de 2012 a través de un vídeo de YouTube que se volvió viral y colapsó el servidor de la compañía en la primera hora. Una vez que Dubin puso en funcionamiento el servidor, reclutó a un equipo de amigos y contratistas para que lo ayudaran a cumplir con los 12 000 pedidos que llegaron en las primeras cuarenta y ocho horas después de lanzar el vídeo. Incluso, cuando surgieron problemas para la incipiente empresa, sus fundadores tuvieron una visión clara y actuaron rápidamente para hacer realidad la idea. Desde su lanzamiento, la empresa ha conseguido 3 200 000 suscriptores.

La moraleja de esta historia es que no hay idea demasiado pequeña para hacerla grandiosa.

Siempre hay un camino más fácil

He descubierto que intentar lanzar una idea nueva, especialmente en los negocios, puede resultar demasiado difícil. Cuando algo es difícil, resulta fácil rendirse. Las grandes ideas pueden parecer difíciles de ejecutar, por eso siempre busco la forma más fácil de lograr llevar a cabo la gran idea. Nací con el deseo de hacer las cosas a mi manera y siempre que ha sido posible he buscado la forma más sencilla de conseguirlo.

Cuando tenía unos catorce años, justo antes de dejar la escuela secundaria, acepté un trabajo de ventas durante la temporada navideña. Iba de puerta en puerta, vendiendo cajas de galletas de chocolate suecas tradicionales llamadas Chokladbollar. El objetivo era vender una caja a cada puerta que llamara. Eran ventas a domicilio durante el frío invierno. Cada caja costaba unos treinta dólares, y recibía un no tras otro.

Se me ocurrió intentar vender cada galleta individualmente en lugar de una caja. Pensé que tenía que resultar más fácil que tratar de vender una caja entera, y mi jefe nunca me dijo que no podía vender las galletas de una en una. Así que, cuando la gente abría la puerta, decía: «Tengo una caja de Chokladbollar, puede elegir una por cincuenta centavos». Encontré esa táctica mucho más fácil porque la gente estaba dispuesta a comprar una o dos galletas a la vez. Esto llevó a que más personas compraran porque se daban cuenta de que era más barato comprar una caja entera que sólo unas cuantas galletas. Al final, conseguí vender caja tras caja. Esta técnica me llevó a ser el mejor vendedor en un equipo formado por doce personas.

Hay una solución para cada problema, y cada desafío nos permite fortalecernos y aprender cosas que sólo nos ayudarán a vivir de forma más fácil en el futuro. Por lo que a mí respecta, podría haberme rendido fácilmente cuando no podía vender ni una sola caja de galletas, pero, finalmente, me relajé y dejé que la idea inspiradora viniera a mí. Fue porque yo era muy joven en ese momento y, como ya hemos visto anteriormente, cuando somos más jóvenes nuestras mentes son más creativas porque la realidad del mundo aún no se ha establecido. Creemos sin miedo ni preocupación y permitimos que un nuevo rango de ideas inspiradoras penetre en nuestra mente y nos proporcione las respuestas que buscamos.

Sea cual sea la idea que se te ocurra, asegúrate de tomarte el tiempo para escribirla antes de olvidarla, aunque tengas que guardar un cuaderno junto a tu mesita de noche para cuando las ideas te lleguen por la noche o incluso a través de los sueños. Luego, una vez que hayas escrito esa nueva idea, haz una lista de las acciones inmediatas que podrías llevar a cabo para que esa nueva idea se convierta en realidad. Podría ser hacer una simple llamada a alguien que pueda ayudarte o a alguien que pueda brindarte información. Es posible que debas investigar un poco para determinar qué acciones son las necesarias. Busca las respuestas a lo que hará realidad esta idea. Es en el proceso de búsqueda de soluciones donde encontrarás la oportunidad esperándote, la posibilidad que te llevará al éxito.

Grandes ideas: Un juego de números

Muchos años después, cuando ya no vivía en la playa y gozaba de éxito en el sector inmobiliario, consideré la idea de abrir un club de salud y *fitness*. Aquélla era una gran idea, no sólo por el alcance del trabajo que implicaba, sino también porque no tenía experiencia en el campo del *fitness*; era un gran riesgo para mí. Acababa de tener un sueño que me inspiraba a hacerlo. Esta gran idea dio sus frutos y se convirtió en un negocio exitoso.

No todas mis ideas fueron tan gratificantes. ¡Invertí una cantidad significativa de tiempo y dinero en pescado! Compré Phuket Fishing Park después de que mi primera empresa inmobiliaria quebrase. Compré un lago con dinero prestado e importé enormes cantidades de peces de agua dulce de diferentes países. Construí cabañas para los pescadores y les proporcioné todo el equipo de pesca para que lo usaran en el parque. ¡Un lugar relajante para pescar sin preocupaciones! Estaba seguro de que el parque de pesca sería un éxito.

Entonces me topé con la realidad: mantenimiento, peces muertos, jardinería, reparaciones, personal problemático. Resultó ser mucho más trabajoso de lo que esperaba, con un rendimiento mínimo de mi inversión. Esta gran idea se hundió rápidamente.

En otra ocasión, una empresa australiana de fondos de jubilación me propuso participar en inversiones en el extranjero. La jubilación es un sistema de pensiones; parecía una excelente manera de invertir dinero, hacer el bien y expandir mi cartera de negocios. Estaría ayudando a clientes australianos a utilizar sus fondos de jubilación para invertir en el extranjero. Sabía cómo invertir, por lo que sentía que podía asumir el riesgo. Luego descubrí que el corredor australiano que tenía la licencia para operar en este negocio era un completo alcohólico y no era de fiar. Después de invertir una cantidad significativa de dinero en los materiales de marketing y el sitio web, me vi obligado a abandonar la asociación. Con tantos australianos visitando Tailandia en ese momento, estaba feliz de correr el riesgo, pues creía que valdría la pena. Al echar la vista atrás, me alegro de que aquella oportunidad no se convirtiera en un negocio.

Tengo grandes ideas todo el tiempo. Actúo y asumo el riesgo. Hasta ahora, he tenido trece inversiones de tiempo y dinero que fracasaron y diecinueve negocios que tuvieron éxito. Pensar a lo grande y actuar de acuerdo con esas ideas es una gran parte de ese éxito.

Para pensar a lo grande, empieza poco a poco

Ejercita tu mente como un músculo para fortalecerla y permítete alcanzar metas más grandes. Te llevará tiempo y práctica utilizar los principios de este libro para convertirlo en un hábito. Recuerda, una sola idea debe superar obstáculos, reveses, problemas y dificultades importantes antes de que puedas llevarla a cabo en todo su potencial. Para que una idea crezca y se expanda, debes aceptar las duras realidades de la vida y responder ajustando lo que sea necesario, pero nunca achicándote. Pensar a lo grande es hacer cosas a lo grande.

Principio #9

Sé apasionado

Probablemente valga la pena hacer cualquier cosa
que te acelere la sangre.
HUNTER S. THOMPSON

Es fundamental descubrir lo que te encanta hacer, tu pasión. Cuando lo encuentres, disfrutarás trabajando en ello, y esto invariablemente conduce al éxito. Por ejemplo, yo siempre he soñado con vivir en el paraíso y he trabajado duro para crear mi refugio en Phuket.

Fue en Phuket donde descubrí mi pasión, lo cual me cambió la vida teniendo en cuenta que sólo un año antes me preguntaba si viviría más allá de los dieciocho. Yo acostumbraba a ir en una motocicleta repartiendo folletos para una empresa inmobiliaria. Ese día en particular, le entregué un folleto a un caballero que estaba de visita en Phuket por negocios y se dirigía al aeropuerto en unas pocas horas para volver a casa. Estaba interesado en ver una de las propiedades, pero sólo si se la podíamos mostrar de inmediato, para que no perdiera su avión. Lo llevé rápidamente a la oficina de ventas para que un agente se la enseñara. No había nadie en la oficina; ya estaban todos con visitas de clientes. El caballero dijo que no podría esperar a que regresaran y tuve una idea inspiradora.

—Bueno, señor, sólo tengo una motocicleta, pero me encantaría llevarlo a ver la propiedad. Tendría que montar en la motocicleta conmigo, puedo llevarlo antes de que tenga que ir al aeropuerto –le dije.

Sorprendentemente, accedió.

Sólo conocía la ubicación de una de las propiedades, así que lo llevé allí. Pasé una hora en total con él hablándole de la zona y mostrándole la propiedad.

Cuando regresamos a la oficina, dijo que quería comprarla. Mi jefe no se lo podía creer. ¿Cómo había cerrado una venta en una hora, en moto y sin formación comercial? Pasando una hora juntos, pude ganarme su confianza. ¡Creé una conexión y compró la propiedad! Ésa fue la primera vez en mi vida que me sentí orgulloso de algo que había hecho. Era genial interactuar con alguien, comprender lo que estaba buscando y poder conectarlo con lo que quería. Deseaba tener más oportunidades para sentirme así y las obtuve cuando mi jefe me ascendió al departamento de ventas. Dejé los folletos para siempre.

Ahora soy dueño de gimnasios, cafeterías, una gasolinera y un spa, además de otras quince empresas pertenecientes a la industria inmobiliaria. Amigos y familiares me han hecho la misma pregunta:

—Andres, hablas mucho de sentir pasión por lo que haces, pero ¿sientes pasión por todas esas empresas tan diferentes que has creado?

Mi respuesta es no. No siento una pasión profunda por todos estos negocios, pero sí una pasión ardiente por crear empresas y convertir ideas en operaciones de éxito; me encanta hacerlas rentables y exitosas.

Mi pasión y amor por ser desarrollador proviene de la magia de tener una idea que se convierte en una imagen en mi mente, luego en una imagen en papel, luego en un dibujo, luego en un precio para que suceda y, finalmente, ver mi propia idea y creación frente a mis ojos. Todo comienza con la imaginación. Toda esta creación empieza con una imagen en tu cabeza. La satisfacción de convertir una idea o un sueño en cosas reales que puedas sentir, ver, tocar y oler te proporciona una gran alegría. También demuestra que nacemos como creadores y que todos tenemos el poder dentro de nosotros para crear cualquier cosa que se nos ocurra.

La pasión es lo que hace que todas las cosas malas valgan la pena.

Encontrar tu pasión

No poder reconocer la pasión de uno puede ser un problema para quienes están atrapados en trabajos con los que no disfrutan. Es muy fácil caer en una rutina que te hace sentir aburrido o insatisfecho: quieres cambiar, pero no estás seguro de qué hacer a continuación.

Encontrar tu pasión es más fácil de lo que crees. Respondiendo a estas preguntas con sinceridad, podrás decidir qué hacer con el resto de tu vida:

- ¿Sobre qué tema podrías leer 500 libros sin aburrirte?
- ¿Qué podrías hacer durante cinco años seguidos sin que te paguen?
- ¿A qué dedicarías tu tiempo si tuvieras la libertad financiera para hacer cualquier cosa?

Ejercicio: «Descubre tu pasión»

No tienes que ser bueno en algo para que te apasione. Si no te imaginas *no* hacer algo, eso es una pasión. Puedes concentrarte en tus objetivos haciendo una lista de las cosas que no deseas y luego escribiendo lo contrario. Puedes determinar tu pasión de la misma manera:

1. Empieza por escribir lo que no te gusta hacer.
2. Enumera los trabajos o las tareas que detestas.
3. Una vez que hayas eliminado estas opciones, tu verdadera pasión puede volverse más evidente.
4. Luego, crea una lista de las personas de las que estás celoso respondiendo a la pregunta: «¿A quién envidio más por el trabajo que hace?».
5. Enumera varias personas, luego observa el trabajo que desempeñan y señala con un círculo los trabajos que te gustarían.
6. Elimina cualquier cosa de tu lista de «celos» que esté en la lista de cosas que no te gusta hacer.
7. La información restante señalada con un círculo debería proporcionarte pistas sobre lo que puede desencadenar tu pasión.

Combina habilidades para descubrir tu pasión

La mayoría de las personas tienen muchas cosas que «hacen bien». Según Oliver Emberton, fundador de la empresa de software Silktide, si combinas tus habilidades mediocres, encontrarás tu pasión.

«Digamos que eres un artista corriente, con un sentido del humor aceptable –explica–. No tendrás muchas esperanzas en una carrera de bellas artes, y no puedes estudiar «humor» como asignatura. Sin embargo, podrías ser un excelente caricaturista»[1].

Emberton sostiene que las personas más exitosas, las que sienten más pasión por su trabajo, rara vez se definen por una sola habilidad.

«Son una fusión de habilidades, a menudo ni siquiera se trata de habilidades excepcionales, pero han hecho que su fusión sea excepcional», dice.

Si pensamos en Steve Jobs, nos daremos cuenta de que no era el ingeniero, vendedor, diseñador u hombre de negocios más fantástico del mundo. Era lo suficientemente bueno en todas estas cosas y las entretejió para dar lugar a algo mucho más significativo.

Tus pasiones pueden ser infinitas o siempre cambiantes, pero asegúrate de descubrir al menos una cosa que te apasiona en este mundo y utilízala para transformar toda tu vida.

---

1. Emberton, O.: «How to Find and Master the Mystical Unicorn That Is "Passion"», Inc., 27 de marzo, 2015.

Principio #10

Domina tus emociones

Nuestros pensamientos, nuestros sentimientos, nuestros sueños y nuestras ideas tienen forma física en el universo. Si soñamos algo, si imaginamos algo, añade un impulso físico hacia la realización que ponemos en el universo.

WILL SMITH

La negatividad es como el viento: sopla durante un minuto, pero pasa rápido, no se puede detener. La única forma de experimentar cómo sopla el viento es dejar que suceda sin que te afecte a largo plazo.

A menudo la gente pone los ojos en blanco: «Andres, eso es una tontería. Cuando me enfade, debo tener pensamientos felices ¿y todo mejorará? Qué ingenuo. La negatividad no es como el viento». También he escuchado cosas similares de nuevos empleados.

En los negocios, permitir que la ira, la frustración, el miedo y otros sentimientos negativos nos arrebaten lo mejor de nosotros puede poner en peligro grandes negocios, alienar a los compañeros de trabajo, llevar a malas decisiones y limitar las oportunidades.

Cuando tenemos en cuenta que las emociones negativas pueden costarnos dinero y ganancias mientras limitan nuestro crecimiento, resulta más fácil concentrarse en crear los efectos opuestos.

La clave para dar la vuelta a los sentimientos negativos es reconocer primero esos sentimientos y la devastación que puede producirse al permanecer en ese estado mental. Luego, debes enfocarte en sentimientos de felicidad y amor, y seguir adelante.

Encontrar una fuente de positividad

En una ocasión, me embarqué en una aventura en Perú que me llevaría a 4 700 metros sobre el nivel del mar hasta la cima del Salcantay en la Cordillera de los Andes y luego a la ciudad perdida de Machu Picchu.

Comenzamos nuestra caminata después de sólo dos días de aclimatación frente a los siete días recomendados. No fue una decisión inteligente, pero habíamos realizado varias caminatas a gran altura, así que pensamos que podríamos hacerlo. Dos miembros del grupo sufrieron un mal de altura serio y enfermaron gravemente esa noche después de alcanzar los 4 500 metros. En lo alto de una montaña, sin nadie que nos pudiera ayudar en kilómetros, y claramente a merced de la madre naturaleza, la negatividad comenzó a apoderarse de todo el grupo.

El miedo y la ansiedad ocupaban las mentes de los enfermos, como pensamientos de no conseguir volver a bajar la montaña. Los que no enfermamos estábamos preocupados, frustrados y estresados, y nos sentíamos impotentes ante la situación. Lo que comenzó como una aventura única en la vida se convirtió en lo que podría ser la última gran idea para algunas personas del grupo. Teníamos que averiguar cómo íbamos a descender a Machu Picchu con miembros de nuestro grupo que tenían grandes problemas para respirar, por no hablar de su incapacidad para mantener el ritmo. El clima, la altitud y el aislamiento estaban vapuleando nuestra actitud.

Fue en la cima de esa montaña, en medio de esa situación, donde encontré claridad y la capacidad de controlar mis emociones, algo con lo que había luchado con todas mis fuerzas durante muchos años. Observé al grupo. Amaba mucho a las personas con las que estaba, siempre viajábamos juntas. Conocía su verdadero espíritu. El firmamento parecía estar a un paso del cielo, tan increíblemente hermoso.

Entonces, comencé a decirme exactamente lo que veía para combatir el miedo y la incertidumbre que se apoderaban de mi mente. Me dije a mí mismo que estaba rodeado de amor y belleza y en tierra firme. Mis pies pisaban tierra firme; la montaña no temblaba ni me tiraba por la borda. La montaña me estaba proporcionando un terreno sólido para caminar hacia abajo y escapar del peligro. El cielo era inspirador, me recordaba que vivimos momentos que nos dejan sin aliento. Los miembros del grupo se amaban, así que nuestra motivación era la misma. Cuando fui consciente de lo que me rodeaba, sentí que mis músculos se relajaban.

Mi respiración se reguló porque estaba rodeado de una gran belleza y amor. Sentía verdadera felicidad. Habíamos llegado en grupo a la ciudad perdida, de forma lenta y cuidadosa, pero de buen humor. Aprendimos una gran lección esa noche: nunca, nunca subestimes a la madre naturaleza, y asegúrate de prepararte bien durmiendo lo suficiente, con mucha agua, la ropa adecuada y suministros médicos cuando vayas a realizar caminatas a gran altitud. ¡Una lección bastante lógica!

Las emociones son positivas y negativas

En esta vida hay un opuesto para todo. Con el amor viene el odio; con la alegría, el miedo; con el éxito, el fracaso. Por cada positivo, hay un negativo, razón por la cual es imposible pasar por la vida sin experimentar alguna forma de negatividad o dolor. La clave es no dejar que afecte a toda tu vida. Cuanto más positiva se vuelva tu vida, mayor será la negatividad, pero eso no significa que debas dejar que se interponga en el camino del gran éxito y la riqueza.

Acepta la negatividad y supérala

Cuando caminaba por las calles de Estocolmo, dejando que mis emociones negativas me devoraran el alma, llevándome hacia la violencia y el alcohol, no podía reconocer la negatividad; por lo tanto, no podía concentrarme en lo positivo. ¿Por qué? Para empezar, no creía que fuera posible. En segundo lugar, estaba demasiado concentrado en mi aislamiento sin pensar en cómo mis acciones impactaban en los demás. Ni una sola vez pensé en cómo el abandonar la escuela, las peleas o la bebida afectaron a mi familia. Si hubiera pensado en todas las cosas positivas que me daba mi familia, habría podido contrarrestar toda esa negatividad en mi mente. Necesité años de sentirme solo, aislado, inútil y desesperado para darme cuenta de lo mucho que había a mi alrededor. El permiso de mi madre para «irme» era su forma de decir que creía en mí. Las comidas gratis que me daba la mujer de los fideos era su forma de mostrarme que valía la pena. Las señales estaban allí, pero yo estaba demasiado lleno de odio hacia mí mismo como para verlas.

Las nuevas oportunidades son alérgicas a la preocupación, la frustración, la ira, la incertidumbre, los celos y el miedo.

Pierde el miedo para eliminar la negatividad

La mente tiene más de 16 000 pensamientos al día y el miedo puede contaminarlos con emociones negativas.

Participar en deportes extremos (escalar montañas, saltar de aviones, bucear en cuevas) obliga a las personas a enfrentar sus miedos. ¿Por qué? Nuestra mente está programada para respaldar nuestra supervivencia.

Escala una montaña, literalmente

Me encanta viajar por el mundo. No sólo me conecta con la propia naturaleza, sino que, al hacerlo, también me desafío a mí mismo. Mis momentos más mágicos en la vida los he pasado sentado en la cima de una montaña a la cual he tardado días en llegar. Cada uno de tus músculos arde y te duele el cuerpo. Estás tan agotado que podrías acostarte y quedarte dormido durante días. Te sientes tranquilo, sientes una quietud eterna cuando los primeros rayos de sol comienzan a brillar sobre el horizonte; es en ese momento de dicha cuando tú y la naturaleza sois uno, sintiendo esa conexión más profunda y disfrutando de unas vistas de 360 grados hasta donde alcanzan tus ojos. Esos momentos de quietud y conciencia te permiten apreciar lo que es estar vivo y comprender qué dones mágicos te ofrece la vida.

Las luchas mentales que soportas al subir a la cima de una montaña son una batalla constante. Tu mente te dice 100 veces a cada paso que te rindas. Luchas contra ello, repitiéndote continuamente: «¡Nunca te rindas; da un paso tras otro!». Es lo único que tienes cuando quieres rendirte: un paso tras otro.

He visto a numerosos excursionistas darse por vencidos el primer día. La escalada no sólo ha sido un gran entrenamiento mental para mí, sino también para mis compañeros. Nos ha enseñado que el cuerpo es capaz de resistir cualquier cosa, que tu mente se rinde primero, intentando convencerte de que abandones, de que no puedes hacerlo; busca el camino fácil. Tu yo interior será más fuerte que la voz que te habla dentro de tu mente. También me ha ayudado enormemente en los negocios darme cuenta de que siempre tienes esos dos lados. Uno dice que no y el otro que sí. Sigue a tu sí y nunca te rindas.

He llevado a muchos empleados a escalar montañas, algunas más altas que otras. Les he pedido que superen sus límites físicos utilizando el poder de su mente. Cada vez que hemos descendido, han sido más felices y productivos.

Salta de un avión sin dudarlo

He llevado a mis empleados a esquiar en Japón, a escalar un volcán activo en Indonesia, a explorar cuevas subterráneas en Vietnam, a saltar de aviones a 4 000 metros con paracaídas en Dubái y a escalar la montaña más alta del mundo. Estas experiencias tuvieron más valor que nuestros miedos con respecto a ellas.

De hecho, en una de mis empresas, es obligatorio que mis empleados salten de un avión. Les digo esto cuando los entrevistamos. La mayoría son extremadamente aprensivos al principio y dan todas las excusas posibles por las que no pueden saltar de un avión. La más obvia es: «¡Me muero de miedo sólo con pensarlo, Andres!». Les explico que el miedo es la causa principal que impide que las personas sean sumamente exitosas y que, en mi empresa, quiero invertir en el enorme éxito de mis empleados. Les explico que necesito empleados dispuestos a aprender a ser valientes. Les digo: «Si puedes superar tu miedo a saltar de un avión, ¿a qué más puedes temer? Así es mucho más fácil lograr el éxito». Sinceramente, puedo decir que, de todas mis empresas, las más exitosas son aquellas con más empleados que han saltado de un avión. Existe una correlación directa.

La primera vez que salté de un avión no fue porque fuera un adicto a la adrenalina (estaba muerto de miedo), sino porque quería dejar de temer al miedo para poder vivir mi vida al máximo. Fue la experiencia que más me cambió la vida; me condujo a muchas otras oportunidades. Ya no tengo miedo de decir «¡Sí!» cuando una oportunidad llama a mi puerta. Ya no tengo miedo de caer cuando doy un salto al vacío en los negocios.

Traspasar los límites nos hace imparables en el trabajo. Las experiencias que ponen a prueba todos tus sentidos, requieren todas tus cualidades físicas y penetran en tu alma son las más transformadoras. El control emocional que adquieres es increíble. Has llegado a la cima y has regresado. Has saltado en caída libre sin morir. Las pequeñas cosas que antes te llevaban a un lugar negativo ya no tienen control sobre ti.

Deja de preocuparte

Ser valiente va de la mano con eliminar las preocupaciones de tu vida. Cuando emprendí mi primer negocio y las cosas empezaron a ir mal, comencé a preocuparme. Me inquietaba todo: las ventas que necesitaba para mantener mi negocio, poder pagar a los empleados y las facturas, perder mi casa, decepcionar a mi familia. La preocupación alimenta el miedo. Me sentía dubitativo a la hora de emprender acciones y me invadía la ansiedad. Mi pensamiento se nublaba, el miedo me paralizaba con pensamientos acerca de lo que podría pasar. Dejé de hacer las cosas que me habían llevado al éxito al principio.

Volví a caer en los viejos hábitos; me vi sumido en una espiral de profunda negatividad, centrándome en esas preocupaciones y logrando atraerlas a mi realidad. Lo perdí todo.

Cuando comencé de nuevo mi negocio, decidí que no era conveniente preocuparme si quería obtener ganancias y ya no albergo ese sentimiento; sé que alimenta el miedo con demasiada facilidad. La preocupación nunca te ayuda a descender la montaña; la acción sí: un paso tras otro.

En cierto momento, mi imaginación simplemente dejó de preocuparse porque sabía que no había ningún motivo para ello. Sabía que aquello por lo que estaba trabajando sería exitoso. Tengo esa confianza inquebrantable en mí mismo porque he fracasado y me he demostrado que aún puedo tener éxito a pesar del fracaso. Entonces, ya no me preocupo. No siento ningún temor porque sé que tendré éxito o, si fallo, aprenderé una lección valiosa que me ayudará en el futuro.

Ser una persona positiva no es un don genético; es un músculo de tu mente que ejercitas a diario. Su fuerza depende de tu convicción de contrarrestar la negatividad con positividad.

Rodea los objetivos de positividad

No voy a mentir: cuando se me ocurre una nueva idea inspiradora me emociono mucho. Me gusta tomar medidas de inmediato, ya sea escribir una lista detallada de los pasos que puedo dar ahora o ponerme en contacto con las personas adecuadas que puedan ayudarme a poner mi idea en acción. No comparto mis sueños con quienes no los entenderían. Pienso a lo grande y con frecuencia obtengo lo que la mayoría de la gente consideraría imposible.

Si tuviera que compartir mis objetivos con todo el mundo, una gran parte de las personas diría que nunca podría hacer eso, o bien tener eso, o ser esa persona que obtenga ese logro en la vida. Ése es el tipo de negatividad que no necesito, especialmente cuando se me ocurre una nueva idea inspiradora. Mi regla general, cuando se trata de mis metas personales, es que sólo las comparto con personas que pueden ayudarme a alcanzarlas. Muchas veces eso implica no compartirlas con mi familia. Aunque amo a mi familia y sé que siempre me apoyarán en lo que me proponga, no me conviene que duden de mí ni siquiera por un segundo. Por lo tanto, mantengo mis metas cerca de mi corazón y nunca dejo que nadie me agüe la fiesta. Quiero mantener la energía alta y que siga aumentando cuando se trata de mis objetivos, y eso generalmente significa guardármelos para mí.

La mayoría de las personas son detractoras que no comprenden cuán poderosos son estos 18 principios de riqueza, cuán fáciles de usar son y cuán transformadores resultan cuando se ponen en práctica. Siempre es muy motivador para mí demostrar que aquellos que dudan de que cualquier cosa que me proponga sea alcanzable se equivocan.

Sé (no sólo deseo) que tú puedes hacer lo mismo. Una vez que llenes tu mente con los detalles de lo que deseas lograr y luego tomes medidas para alcanzarlo, podrás demostrar que los escépticos están equivocados. Trabaja conmigo mientras demostramos que todos están equivocados; no hay nada más satisfactorio. Usa cualquier forma de negatividad externa de los demás como combustible para el fuego que arde dentro de ti; la pasión te impulsa hacia el éxito. Puedes hacerlo, sin importar cuán grande sea tu objetivo, sin importar cuán desafiante sea, sin importar lo que otras personas te digan. No dejes nunca de creer que tendrás éxito.

Principio #11

Despierta esperando problemas

Si haces lo que has hecho siempre,
obtendrás lo que siempre has obtenido.
TONY ROBBINS

Los grandes pensadores aman los grandes problemas y los convierten rápidamente en grandes oportunidades. Los desafíos no son más que acertijos que deben ensamblarse con los recursos e ideas adecuadas. Aquellos que tienen el hábito de pensar a lo grande comprenden que, al juntar las piezas del rompecabezas, los problemas aparecerán en el peor momento posible. Las metas y los objetivos GRANDES sólo los logran quienes poseen la fuerza de voluntad y la resistencia para seguir avanzando cuando todos los demás se han detenido en seco debido a los problemas que se interponen en el camino. Los grandes pensadores reformulan los problemas en oportunidades cambiando su perspectiva y la perspectiva de quienes los rodean. En otras palabras, primero ven el problema como lo que es, y luego modifican su visión de éste de una manera creativa para poder pensar en mejores ideas y soluciones.

A pesar de que vivo una vida muy exitosa, un estilo de vida que la mayoría consideraría lujoso, mi vida no está libre de estrés. Como se suele decir: «Más dinero, más problemas», y como propietario de diecinueve negocios, además de promotor inmobiliario en el lugar más rico de Tailandia, mi vida está llena de estrés en algún momento dado. ¿Cómo manejo este tipo de presión? Me despierto cada mañana pensando que algo terrible está a punto de suceder.

¿Por qué empiezo cada mañana esperando encontrar problemas? Porque sé que éstos siempre surgirán, así que no lucho contra ellos. Acepto que las cosas pasan y, a veces, no tengo control sobre ellas.

Ahora bien, este principio puede que te sorprenda. Primero podrías pensar que me despierto preocupado todas las mañanas porque algo terrible está a punto de suceder. Pero ya has visto cómo he perdido el miedo y he eliminado las preocupaciones de mi vida. Entonces, ¿por qué empiezo cada mañana esperando encontrar nuevos problemas? Porque sé que éstos siempre van a surgir, así que no lucho contra ellos. Acepto que las cosas pasen y, a veces, no tengo el control sobre ellas.

Cada nueva idea inspiradora, cada objetivo que anoto, requerirá tiempo, esfuerzo, dedicación y muchas cosas antes de que se convierta en realidad, y puedo sentir ese éxito y ver el producto de mi arduo trabajo ante mí.

No sólo me despierto esperando problemas, sino que no me importan. Siempre hay una solución para cualquier problema. Los problemas te obligan a ver las cosas desde una perspectiva diferente, y no importa el desafío o cuán inesperado sea el problema, siempre hay una manera de superar cualquier obstáculo que surja.

La resolución de problemas te ayuda a seguir aprendiendo todos los días. Si esperas problemas y sacas lo mejor de cualquier prueba inesperada, te garantizas la capacidad de seguir aprendiendo y adquiriendo el conocimiento que te ayudará a tener éxito algún día.

Si invocas ese sentimiento de miedo y preocupación mientras esperas problemas, entonces esos sentimientos sólo te impedirán ser creativo y encontrar las soluciones que necesitas para superar los desafíos. La preocupación y el miedo te impedirán adquirir el conocimiento que requieres para seguir adelante. Esperar problemas cada mañana y amar los desafíos que trae la vida puede resultar beneficioso, pero no es una excusa para preocuparnos y tener miedo. Recuerda, puedes llegar a perder el miedo y no permitir nunca que la preocupación vuelva a ser un problema en tu vida. Los problemas no son más que situaciones que preceden a las soluciones y a las oportunidades.

Transformar los problemas en oportunidades

A riesgo de sonar como un disco rayado, tengo que volver a hablar de la actitud. Todo se reduce a resolver problemas y resolverlos, a su vez, se reduce a tu forma de pensar, o cómo conviertes los problemas en soluciones positivas.

Para tener éxito y liderar en tu campo, no sólo tienes que encontrar buenas soluciones, también necesitas ser innovador.

Tina Seelig, autora de *Insight Out: Get Ideas Out of Your Head and Into the World*, lleva impartiendo clases sobre innovación en la escuela de ingeniería de la Universidad de Standford durante dieciséis años.

«La imaginación consiste en visualizar cosas que no existen –dice–. La creatividad es aplicar la imaginación para abordar un desafío. La innovación es utilizar la creatividad para generar soluciones únicas. El espíritu empresarial consiste en aplicar la innovación y escalar las ideas inspirando a otros».[1]

Replantear un problema te ayuda a considerarlo como una oportunidad si tu actitud es positiva cuando surge. La clave es tener la confianza de que podrás encontrar una solución innovadora y creativa a cualquier problema, de modo que resolverlos se transforme en algo satisfactorio para ti en lugar de algo aterrador. La otra clave es sistematizar cómo replantear los problemas en soluciones positivas. Yo respeto las tres técnicas de Seelig para hacer esto: reformular la pregunta, hacer una lluvia de malas ideas y desafiar las reglas.

El miedo proviene de no estar preparado.

Reformula la pregunta

Empieza por cuestionar la pregunta que te estás haciendo. Si la pregunta es: «¿Cómo planear una fiesta para demostrarles a mis clientes que los aprecio sin gastar demasiado dinero?», estás asumiendo que es una fiesta. Como alternativa, si transformas tu pregunta en: «¿Cómo podemos hacer que el día de nuestros clientes sea memorable?», empezarás de forma instantánea a pensar en soluciones diferentes. Reformular la pregunta te permite dejar de concentrarte en el coste y el tiempo asociados con la organización de una fiesta, lo que podría conllevar otros problemas como el presupuesto, la ubicación, el tiempo y la planificación. Al reformular la pregunta, cambias la forma en que abordas la solución.

---

1. Vozza, S.: «Three Ways to Reframe a Problem to Find and Innovative Solution», 8 de septiembre, 2015, www.fastcompany.com/3050265/three-ways-to-reframe-a-problem-to-find-innovative-solution

Haz una lluvia de malas ideas

Cuando nos enfrentamos a un problema, es fácil concentrarnos en proponer sólo buenas ideas, pero esto puede limitar nuestra capacidad para resolverlos. En cambio, es mejor concentrarse en generar malas ideas cuando se trata de encontrar soluciones creativas e innovadoras (ideas estúpidas o ridículas para que podamos dejar a un lado respuestas obvias, especialmente cuando eliminamos la presión de que tiene que ser una «buena» idea).

Las ideas terribles se pueden reevaluar y, a menudo, convertirlas en algo único y brillante.

Cuando te enfrentes a un problema grave, anota tantas malas ideas como puedas en el menor tiempo posible. Oblígate a no perder tiempo tratando de perfeccionar estas ideas; confecciona una lista de malas ideas. Más tarde, puedes hacer una lluvia de ideas sobre cómo convertir en buenas tus malas ideas.

Uno de los ejemplos que enseña Seelig en sus clases tiene que ver con la venta de bikinis en la Antártida. Se pidió a un grupo que convirtiera esta mala idea en una buena. A los cinco minutos de una lluvia de malas ideas, el grupo ideó un eslogan: «Bikini o muerte». Reformularon una mala idea en una excelente: llevar a personas que quieren ponerse en forma en un viaje a la Antártida y someterlas a un entrenamiento físico. Al final del duro viaje, incluso podrían ponerse sus bikinis.

«Vender bikinis en la Antártida parece una idea terrible. En cinco segundos, cuando se le pidió al equipo que la enfocara de otra manera, encontraron un modo de transformarla en una idea emocionante», dice.

Desafía las reglas

Otra forma de replantear de forma positiva un problema es desafiar las reglas que asumes que deben seguirse. Pregúntate: «¿Cuáles son las reglas de la industria?». Una vez más, comienza por elaborar una lista de las reglas que asumes que deben seguirse al resolver el problema. Luego, piensa en lo que sucede si haces lo contrario de lo que dicta la norma. Esto resulta difícil de hacer por nuestro profundo arraigo a las reglas y las suposiciones.

«El Cirque du Soleil desafió las suposiciones sobre lo que es un circo. En lugar de un entretenimiento barato para niños, lo convirtieron en un evento de alto nivel para adultos que compite con el teatro o la ópera», dice Seelig.[2]

Me encanta cómo Southwest Airlines gestiona su negocio.

La compañía cuestionó la regla de que las aerolíneas debían tener asientos asignados. Al eliminar esta práctica, Southwest abrió la posibilidad de que los pasajeros hicieran cola antes de cada vuelo para poder elegir sus asientos al embarcar. Este enfoque radicalmente diferente de la asignación de asientos generó más ganancias para la compañía, ya que pudo cobrar pequeñas tarifas para que los pasajeros embarcaran antes en el avión y eligieran su propio asiento.

Usar a tu equipo para solucionar problemas

La resolución de problemas no te debería dar miedo, ya que tienes formas de pensar en ellos y resolverlos de una forma creativa. Además, incorporar a tu equipo al proceso de resolución de problemas es fundamental.

Siempre que surge un problema, presto mucha atención a cómo ha sucedido y analizo la situación para ver cómo prevenirlo en el futuro. La mayoría de las veces reúno a mis ejecutivos y les planteo el problema que ha surgido en la producción o en cualquier otro departamento de la empresa. Dejo que todos intercambien ideas entre ellos y conmigo: ¿cómo ha podido surgir ese problema? ¿Qué hacemos ahora al respecto? ¿Cómo podemos aprender de él y prevenirlo en el futuro?

Hacer que tus empleados se inmiscuyan en la resolución de los problemas fomenta la formación de equipos porque se sienten empoderados y vitales para participar en la toma de decisiones. La mayoría de las veces, las ideas nuevas y brillantes surgen de problemas o situaciones cuando las discutimos juntos como si fuéramos un todo. Entonces, encontramos formas mejores, más rápidas y productivas de realizar una tarea específica que provocó el problema en primer lugar.

Una vez, mi empresa promotora inmobiliaria estaba a punto de lanzar un nuevo proyecto, un edificio de 446 apartamentos a unos 500 metros del mar. Estábamos a punto de firmar el contrato de compraventa y comprar el terreno

2. Ibíd.

cuando otro constructor lanzó un hermoso proyecto a unos 200 metros de la orilla del mar. Como casi todo el mundo sabe, la ubicación suele ser el factor principal en el negocio inmobiliario.

Ese mismo día, reuní a todos mis agentes de ventas y ejecutivos porque sabía que teníamos que decidir si seguir adelante y competir con ese otro proyecto con una mayor proximidad a la playa y los mismos precios que el nuestro.

Comparamos las diferencias estratégicas y los beneficios de nuestro proyecto con los del nuevo competidor. Observamos la ubicación, los precios, las instalaciones y los servicios, y en cada uno de estos aspectos ellos eran un poco mejores que nosotros. No íbamos a arriesgarnos a llevar adelante una construcción costosa y a medio vender tras su finalización. Aunque ya habíamos pagado una cantidad sustancial a los arquitectos, los abogados y los diseñadores gráficos, todos decidimos abandonar el proyecto; habría sido demasiado arriesgado (incluso para alguien como yo a quien le gusta correr riesgos).

Seis semanas después, mi arquitecto recibió una llamada telefónica de un propietario que necesitaba vender un terreno. Mi arquitecto me preguntó si podía reunirme con él al día siguiente para verlo. Yo no esperaba mucho en ese momento, ya que buscar terrenos y visitar diferentes localizaciones es algo común para nosotros, los promotores. El arquitecto nos llevó a la misma ciudad donde hubiéramos llevado a cabo el proyecto de apartamentos que habíamos abandonado recientemente, pero no se detuvo allí y continuó hacia el mar. Pasamos por la ubicación del proyecto de nuestro competidor y entonces me emocioné. Llegamos a nuestro destino; estaba a sólo 50 metros de la playa en una hermosa montaña con vistas al mar azul frente a nosotros. El precio era razonable y no mucho más alto que el del proyecto que habíamos diseñado previamente porque el propietario necesitaba venderlo rápidamente. Acordamos un precio y lo gestionamos todo en una semana.

Cuando surjan grandes oportunidades, será mejor que las aproveches rápidamente u otra persona lo hará.

¡Habíamos entrado en el juego de nuevo! Durante los siguientes meses, nuestros arquitectos, abogados, ingenieros y diseñadores gráficos trabajaron en el nuevo proyecto a 150 metros de la propiedad de nuestro competidor. Estudiamos su proyecto por dentro y por fuera, y nos marcamos el objetivo (y lo logramos) que el nuestro fuera aún mejor. Hoy se erige como uno de los logros más importantes de nuestra empresa.

Lanzamos nuestro proyecto cuatro meses más tarde que nuestro competidor, pero vendimos 446 apartamentos en seis meses. Nuestro competidor sólo habían logrado vender un tercio de los apartamentos construidos en el mismo tiempo. Recibimos el reconocimiento del «Mejor Proyecto de Inversión», «Mejor Construcción de Uso Mixto» e incluso del «Mejor Constructor» el año siguiente tanto de los prestigiosos Premios de Propiedades de Tailandia como de la célebre organización de Premios de Propiedades de Asia Pacífico.

Si no hubiera reunido a mis ejecutivos y agentes de ventas ese día para tomar decisiones y llevar a cabo una lluvia de ideas, podría haber seguido adelante con el proyecto inicial y terminar como lo hizo nuestro competidor: literalmente abandonado. Todos estábamos orgullosos de habernos convertido en la constructora inmobiliaria líder del sur de Tailandia.

Decisiones precipitadas

La experiencia de trabajar con los miembros de mi equipo en el proyecto inmobiliario más importante en la historia de nuestra empresa me enseñó que, al enfrentarnos a un problema o a desafío, es fundamental no tomar una decisión precipitada; es mejor no decidir nada en absoluto que cometer un error. Cuando la mayoría de las personas tienen un problema, quieren encontrar e implementar una solución con rapidez y, a veces, no se toman el tiempo necesario para ver si esa solución es la más adecuada a ese problema. Las decisiones precipitadas a menudo conducen a más problemas. Se necesita tiempo para llevar a cabo las investigaciones necesarias antes de tomar una decisión inspiradora para resolver cualquier problema. Una vez más, es mejor esperar y no decidir que tomar la decisión equivocada y pagar por ello más tarde.

A lo largo de los años, he descubierto que muchas personas tienen miedo de decidir porque temen tomar la decisión equivocada. Están tan asustadas que nunca deciden emprender acción alguna; por lo tanto, nunca pueden progresar ni superar los desafíos. Simplemente se paralizan, se muestran incapaces de resolver los problemas inevitables que les depara la vida. El problema es que los pensamientos negativos luchan por controlar la mente con ideas como: «¿Qué pasa si hago esto y pierdo el negocio?», o «¿Qué pasa si adopto esta medida y mis clientes se enfadan?».

Se necesita tiempo y práctica para silenciar la mente, eliminar todos los pensamientos negativos y concentrarse, en cambio, en el «sí» que tu cerebro, tu voz interior, está tratando de decirte. Ante cualquier problema, silencia tu mente, piensa en qué soluciones podrías implementar permitiendo que la creatividad fluya a través de ti y no permitas que ningún pensamiento negativo de miedo o de preocupación penetre en tu mente sana.

Cuando aparezcan soluciones inspiradoras en tu mente, toma medidas inspiradoras para resolver esos problemas y obtén el conocimiento que necesitas para seguir avanzando en la vida.

Cada desafío completado es una valiosa lección de vida. Cuando mi primer negocio no funcionó, aprendí mucho de esa experiencia. Aprendí qué no hacer la próxima vez. Aprendí que necesitaba seguir meditando todos los días, seguir marcándome metas que cumplir y llenar todo mi cuerpo con sentimientos de amor y felicidad. Desde el punto de vista comercial, aprendí que era más importante ganar clientes que impresionarlos con una amplia oficina llena de modernos ordenadores y varios empleados. Aprendí qué hacía que una agencia inmobiliaria resultara atractiva para los clientes y cómo satisfacer de verdad a las personas que estaba tratando de atraer a mi oficina.

Incluso después de haber realizado varias caminatas a gran altitud, la expedición a Machu Picchu me enseñó que no importa cuán preparado pueda pensar que estoy, pues surgirán problemas inesperados.

Siempre estoy agradecido por los problemas y desafíos que surgen en mi vida, porque sé que es simplemente el universo que me está dando la oportunidad de aprender algo de gran valor. Cada problema contiene una gran cantidad de conocimientos. No te preocupes por los problemas, porque todos sabemos que aparecerán. Así pues, en lugar de temer a los desafíos, acepta que son parte de la vida y comienza a esperarlos. De esa manera, cuando ocurran, estarás preparado para encontrar una solución creativa que resultará en tu éxito y mayor riqueza.

Recuerda, puedes ser rico simplemente por lo que has aprendido de las experiencias de la vida que has superado y conquistado. Eres capaz de hacer cualquier cosa, de triunfar ante cualquier problema y de adquirir todos los conocimientos que necesitas para tener éxito y ver tus objetivos cumplidos.

Principio #12

Acoge la disculpa

Respeta al mayor cuando eres joven, ayuda al débil cuando eres fuerte, confiesa cuando te equivoques, porque un día serás mayor, débil y estarás equivocado.

Ang Losang

Tengo esta cita siempre presente en el centro de mi ser. La aprendí de un sabio monje budista llamado Ang Losang, con quien tuve el privilegio de pasar un tiempo en las altas montañas del Himalaya mientras estaba en Nepal.

He conocido a muchos creadores de cambios consumados, exitosos y legendarios en el mundo, y he notado que comparten un rasgo común: las grandes personas no tienen miedo a admitir que se equivocan y se aseguran de no repetir los mismos errores dos veces. Los grandes líderes crecen a los ojos de sus seguidores, y cuando se disculpan y se aseguran de hacer las cosas de manera diferente o de no repetirlas en el futuro, este comportamiento hace que sus seguidores los vean como seres humanos fuertes y líderes que se responsabilizan de sus errores y aprenden de ellos.

Asumir la responsabilidad de nuestras acciones aumenta nuestra autoestima y reduce la culpa. Una disculpa tiene el poder de humillar incluso a las personas más arrogantes. Se necesita valor para admitir los errores y superar la resistencia a pedir disculpas, pero nos conduce a un profundo sentido de respeto por uno mismo.[1]

Nunca olvidaré un día en que mi jefe en la empresa de telemarketing me gritó por cometer un error. No quería perder mi trabajo, aunque odiaba traba-

1. Rennier, M.: «The life-changing benefits of a good apology», 22 de julio, 2018, https://aletia.org/2018/07/22/the-life-changing-benefits-of-a-good-apology/

jar allí. Rápidamente me disculpé, pero por dentro estaba hirviendo. No había hecho nada tan malo como para merecer semejante reprimenda frente a mis compañeros. En mi opinión, él estaba equivocado y mi disculpa era simplemente la forma más rápida de poner fin al desencuentro. Él debería haberse disculpado conmigo por haberme gritado, tanto si había cometido un error como si no. Siempre he recordado cómo me hizo sentir ese momento con relación a mi trabajo, mi lugar en la empresa y mi capacidad para triunfar allí. Yo no era digno de una disculpa.

Cuando comencé a fundar mis propias empresas, nunca quise cometer un error y no estar dispuesto a admitirlo y disculparme. Es muy importante para mí que las personas que me rodean sientan que merecen mi autorreflexión y humildad.

Muchas personas tienen problemas con las disculpas, y no todos nuestros pensamientos y sentimientos sobre éstas están alineados. Quizás esto se deba a que, cuando éramos niños, nos veíamos obligados a disculparnos, o tal vez nos hacían sentir avergonzados cuando ofrecíamos una disculpa.

Para algunas personas, disculparse es como admitir que son incompetentes, que, en lugar de haber cometido un error, son malos por naturaleza. Quizás creas que la primera disculpa después de una discusión es admitir la culpa y la responsabilidad por la totalidad de un conflicto. Tal vez una disculpa da a entender que la otra persona no se hace responsable de su participación en el problema.

En general, una disculpa bien expresada y sincera evitará todos estos problemas y servirá para marcar el comienzo de una resolución, reafirmar los valores compartidos y restaurar sentimientos positivos.

Siempre que ha habido un malentendido entre mis empleados y yo, soy el primero en disculparme y decir que lo siento, que es mi culpa, que no he sido lo suficientemente claro con respecto a una situación, un evento o una determinada regla. Incluso, a veces, cuando tienes razón, una disculpa puede cambiar toda la energía de una situación.

En esas ocasiones, pregunto a mi equipo o grupo de empleados: «¿Cómo podemos asegurarnos de que esto no vuelva a suceder?». También me aseguro de ser más claro e informativo la próxima vez que surja ese tema o situación. Siempre me gusta terminar una reunión en la que se ha discutido sobre un evento negativo diciendo: «Aprendamos de esto y asegurémonos de que no vuelva a suceder».

Disculparse no siempre significa que estás equivocado y que otra persona tiene razón. Tan sólo significa que valoras vuestra relación más que tu ego.

Mark Mathers

Pon energía positiva en disculparte

No soy en absoluto una persona perfecta. Hay momentos en los que he cometido un error o un inversor no está satisfecho con los resultados de un proyecto. Cuando esto sucede, me aseguro de reunirme con ese inversor lo antes posible y encontrar la manera de crear el cambio necesario para avanzar hacia una mejor relación de trabajo. La mayoría de las veces tengo que ser completamente honesto acerca de lo que está sucediendo con el proyecto para trabajar con el inversor y realizar un cambio positivo. Reunirse en persona restaura la buena energía porque es mucho más personal que una llamada telefónica o un correo electrónico. Encontrarse cara a cara permite que la energía negativa se transforme en buena energía y que la hostilidad se desvanezca. También trato de hacer algo más por el inversor para ayudar a consolidar nuestro vínculo.

Cada vez que uno de mis clientes no está satisfecho con algo que mi negocio ha hecho o no ha hecho, siempre me aseguro de restablecer nuestra relación de trabajo yendo más allá. Quiero mostrar a cada cliente e inversor con el que hago tratos que soy el mejor promotor de Tailandia; quiero mostrarles que es un placer trabajar en proyectos con mi equipo. Esto, a su vez, les influye para que sigan invirtiendo conmigo y me recomienden a sus amigos también. No me conformo con la mediocridad. Me aseguro de que todos los proyectos se hagan bien, de que honro a mis inversores, y eso sucede estando dispuesto a disculparme y a solucionar los problemas, y luego asegurarme de que estos desafíos en particular nunca vuelvan a ocurrir.

Todos somos capaces de ser humildes, de encontrar soluciones creativas a los desafíos, así que, cuando cometas un error, debes estar dispuesto a admitir que te has equivocado y hacer lo que sea necesario para corregir las cosas. No hay nada de cobarde en reconocer que estás equivocado. Es necesario ser una persona convincente para admitir la culpa, hacer todo lo posible para enmendar el error y evitar que vuelva a suceder. Mis clientes e inversores ven a esa persona poderosa en mí, al igual que mis muchos empleados. Soy un líder para los demás y no sólo para quienes trabajan para mí. Soy un líder en mi industria, y todos mis competidores pueden ver mis características y saber que, si tengo la culpa de algo, cumpliré mi palabra y me aseguraré de que cada negocio que poseo siempre sea un éxito razonablemente conseguido.

Disculparse nos permite debatir cuáles deberían ser las «reglas» en el futuro, especialmente si es necesaria implantar una nueva regla, que es a menudo el caso cuando no has hecho daño a la otra persona de forma intencionada. Si te preocupas por la otra persona y vuestra relación, y puedes evitar el comportamiento ofensivo en el futuro, una disculpa suele ser una buena idea.

De manera similar a la ley de la donación vibracional, las disculpas deben venir acompañadas de emociones positivas y sin expectativas de recibir una disculpa a cambio.

Las disculpas poco sinceras suelen ser una forma de evitar la culpa. Por ejemplo, una figura pública escribe unos *tweets* insensibles y, después de ser criticados, afirma: «Mis comentarios pueden haber sido interpretados como insensibles e inoportunos. Pido disculpas por ello».

Esta disculpa es un intento de evitar la responsabilidad. La disculpa parece poco convincente al no abordar de forma genuina el error. Si fuera yo, seguiría sintiéndome mal por eso.

Los beneficios de pedir disculpas

Cuando le debemos una disculpa a alguien, nos impacta física y mentalmente. Damos vueltas en la cama por la noche; podemos tener una sensación de presión en el pecho; podemos comer o beber más de lo que deberíamos e incluso tener dolores de cabeza.

Pedir disculpas nos afecta no sólo a nivel físico, sino también a nivel mental. Puede reducir los episodios de depresión y ansiedad y ayudar a renovar relaciones del pasado. Los viejos rencores crean antecedentes y continúan afectando a las nuevas relaciones.

A veces he tenido la tentación de no disculparme porque creo que nunca volveré a ver a la persona en cuestión y el problema desaparecerá; esto me crea un conflicto interno que se manifiesta en pensamientos negativos y dudas sobre mí mismo.

Una organización que ha demostrado los beneficios positivos de aprender a disculparse es Alcohólicos Anónimos. Durante sus reuniones de apoyo, los miembros aprenden los doce pasos, que se centran en hacer un inventario moral y corregir los errores del pasado. El noveno paso consiste en hacer las paces. Los miembros de la organización han reiterado que el autoexamen honesto y valiente de los errores del pasado ha sido esencial para su recuperación.

Pedir disculpas es una habilidad

Ang Losang, el sabio monje budista, me habló en una ocasión sobre cómo encontrar la paz interior en el mundo ajetreado, sobre cómo abrirme para experimentar la alegría pura y sobre cómo evitar que la negatividad empañe mis juicios y acciones. El tiempo pasado con este monje hasta el día de hoy sigue siendo una de las experiencias más transformadoras de toda mi vida. Él decía: «Respeta al mayor cuando eres joven, ayuda al débil cuando eres fuerte, confiesa cuando te equivoques, porque un día tú serás mayor, débil y estarás equivocado».

Tanto en la vida como en los negocios, éste es un consejo increíble. Incorpora muchos aspectos de la atracción de la riqueza y los principios de creación de oportunidades ilimitadas que yo vivo y enseño. Cuando repaso mi vida, puedo ver en qué me benefició este consejo. Para mí, aprender a admitir mis errores con la emoción y la sinceridad correctas ha marcado una diferencia significativa en mi éxito.

Quizás recuerdes cuando la actriz Reese Witherspoon fue captada en vídeo mostrándose grosera con un oficial de policía que sospechaba que ella y su esposo conducían ebrios. Cuando Witherspoon apareció en *Good Morning America*, dijo: «Salimos a cenar en Atlanta, tomamos demasiadas copas de vino y pensamos que estábamos en condiciones para conducir; pero no era así. Es completamente inaceptable, lo sentimos y nos da mucha vergüenza. Sabemos que está mal, y no deberíamos haberlo hecho». América la perdonó de inmediato. ¿Por qué?

La disculpa de Witherspoon sigue tres sencillos pasos:

En primer lugar, sé honesto acerca del error. Asume toda la responsabilidad y no intentes justificarlo o explicarlo.

En segundo lugar, abandona cualquier pretensión de que la otra persona haya hecho algo malo; no culpes a los demás por lo que pasó.

En tercer lugar, no dejes que la situación se prolongue. Pide perdón rápidamente, sin preocuparte demasiado por lo embarazoso que pueda ser.

Desarrollar tus habilidades para pedir disculpas es una de las mejores maneras de atraer continuamente nuevas oportunidades a tu vida porque te permite avanzar sin sentirte abrumado por el pasado y te abre a recibir algo de los demás. Cuanto mejor desarrolles esas habilidades, más riqueza experimentarás en tu negocio, tus relaciones y tus propias experiencias internas.

Principio #13

Cuerpo en forma, mente más fuerte

Cuida de tu cuerpo. Es el único lugar que tienes donde vivir.
JIM ROHN

Como sin duda habrás descubierto al leer este libro, me encanta mantenerme activo. Le doy prioridad, ya sea saliendo a hacer senderismo de aventura o simplemente yendo al gimnasio. He descubierto muchos beneficios al mantenerme activo y en forma. La vida puede llegar a ser tan ajetreada que a menudo nos dejamos a nosotros mismos en un segundo plano. Mantenerse en forma es una práctica de amor propio que garantiza los cuidados, tanto a nivel físico como mental. Cuando cuidas tu cuerpo con ejercicio y una dieta buena y saludable, también estás fortaleciendo tu mente, haciéndote más receptivo para atraer riqueza y nuevas oportunidades a tu vida.

Disfruto practicando montañismo, paracaidismo, *puenting*, esquí, culturismo y fútbol. He escalado las montañas del Himalaya, lo que se convirtió en una inspiración para llamar a uno de mis proyectos «Grand Himalai». Realmente creo que la adrenalina y el estrés de una aventura son mejores que 1 000 días de paz.

Siempre que voy al gimnasio, levanto pesas o hago cardio, a menudo obtengo ideas creativas y la motivación que necesito para seguir adelante con los objetivos que he escrito. Como cuando haces ejercicio ganas confianza, te sientes más fuerte y saludable. También es una excelente manera de aliviar el estrés, la ansiedad y las preocupaciones. Las personas que hacen ejercicio con regularidad con frecuencia disfrutan de una sensación fantástica después de sus sesiones de entrenamiento. El uso rutinario de tu cuerpo potencia tu felicidad y niveles más altos de energía, por eso muchas personas que asisten al gimnasio con devoción continúan haciéndolo, porque conocen los beneficios, las grandes sensaciones que obtienen al hacer ejercicio y el aumento de la seguridad en sí mismos al tener una imagen corporal saludable.

Las buenas vibraciones del ejercicio se conectan con las endorfinas que el cuerpo produce cuando lo realizamos.

Las endorfinas están conectadas a los circuitos de recompensa de tu cuerpo, así como las actividades como el comer y el beber. Las endorfinas también aumentan la respuesta al dolor y al estrés, como el ejercicio, y ayudan a las personas a sentirse bien después de su entrenamiento. Algunas personas como yo se vuelven adictas a esos sentimientos. Así como los fármacos pueden ser adictivos, también puede serlo la sensación que obtenemos al hacer ejercicio: una sensación deseable de felicidad y confianza sin estrés y, naturalmente, sin los desagradables efectos secundarios de la adicción.

Páginas atrás he explicado cómo nació mi gimnasio. El gimnasio y club de salud está repleto de equipos de última generación, máquinas cardiovasculares, saunas, baños de vapor y clases diarias de *fitness*, danza, yoga, artes marciales y entrenamiento de alta intensidad. Animo a mis empleados a mantenerse saludables y a entrenar siempre que tengan la oportunidad, e incluso celebramos reuniones matutinas en el club para unir a los empleados que trabajan en otras industrias y empresas. A menudo regalo pases gratuitos, membresías y promociones excepcionales para que los empleados comiencen una rutina de ejercicios regulares. Todo ello vale la pena.

Un estilo de vida saludable no sólo cambia tu cuerpo, sino que también cambia tu mente, tu actitud y tu estado de ánimo.

Concentrarte en mejorar tu cuerpo físico te obliga a concentrarte en tu mente y en tu espíritu.

Las personas de éxito dan prioridad al ejercicio

Uno de mis principios de atracción de la riqueza habla de imitar a las personas y los modelos de negocios exitosos. Cuando comencé a esforzarme cada vez más para lograr las 101 metas que me fijaba cada año, investigué los hábitos de otras personas de gran éxito. ¿Cómo lograban tanto en el mismo período de veinticuatro horas que tenía yo para conseguir cosas? ¿Cómo aumentaban su producción de grandes ideas? Como con todo, estudia los hábitos y descubrirás la fórmula del éxito.

He investigado el enfoque que algunas de las personas más exitosas del mundo ponen en el ejercicio:[1]

- Mark Zuckerberg, fundador y director ejecutivo de Facebook, hace ejercicio al menos tres días a la semana, normalmente sacando a su perro a correr a primera hora de la mañana. Se convirtió en uno de los multimillonarios más jóvenes del mundo.
- Richard Branson, fundador de Virgin Groups, se despierta a las cinco de la mañana para practicar *kitesurf*, nadar o jugar al tenis. Afirma que obtiene cuatro horas de productividad adicional todos los días si mantiene su horario de ejercicio constante. Posee más de 300 empresas.
- Condoleezza Rice, exsecretaria de Estado de Estados Unidos, se levanta a las cuatro y media de la mañana para hacer cuarenta minutos de cardio, en una cinta de correr o en una máquina elíptica. Se ha convertido en una de las figuras políticas más importantes de la historia estadounidense.
- Barack Obama, expresidente de Estados Unidos, se ejercita durante cuarenta y cinco minutos al día, seis días a la semana. Practica ejercicio a primera hora de la mañana, alternando entre levantar pesas un día y hacer cardio al día siguiente. No sólo fue el hombre más poderoso del mundo durante ocho años, sino que también es un padre, orador y escritor consumado.
- Mark Cuban, propietario del Dallas Mavericks de la NBA, hace una hora de cardio al día, entre seis y siete días a la semana. Practica elíptica y Stairmaster, juega a baloncesto y recibe clases de *kickboxing* y otros tipos de gimnasia aeróbica. Aparece en el popular programa de televisión *Shark Tank* y se ha convertido en un inversor mundial en nuevas empresas.
- Tim Cook, director ejecutivo de Apple, se despierta a las cuatro y media de la mañana y va al gimnasio varias veces a la semana. También le gusta el ciclismo y la escalada. Apple sigue siendo un líder innovador en tecnología emergente a nivel mundial.

---

1. Merle, A.: «The Exercise Habits of Ultra-Successful People», 19 de octubre, 2017, https://medium.com/@andrewmerle/the-exercise-habits-of-ultra-successful-people-37f770cdbea0

Cuanto más investigo a las personas más exitosas del mundo, más puntos en común descubro. Comienzan sus días temprano, haciendo que cualquier forma de ejercicio sea una prioridad, y tienen mucha variedad en sus rutinas. Estaba fascinado por esto, pero me enfrentaba a un problema. Cualquiera que me conozca sabe que no soy una persona madrugadora. Mi reloj interno no está programado para despertarme temprano, por lo que la idea de hacer ejercicio antes de las seis en punto no es algo que me guste.

El doctor John Ratey, un destacado experto en el espacio, escribió un libro superventas sobre el tema titulado *Spark: The Revolutionary New Science of Exercise and the Brain.*

En el libro, Ratey se refiere al ejercicio como «la herramienta más poderosa que tienes para optimizar tu función cerebral».[2]

Señala que el ejercicio ayuda a:

- mejorar la capacidad de aprendizaje y desarrollar las células cerebrales;
- aliviar el estrés, la ira, la ansiedad y la depresión;
- aumentar el enfoque, la atención y el estado de alerta;
- reducir el riesgo de padecer trastornos relacionados con la edad, como el alzhéimer, el párkinson y otras formas de demencia.

Además, detalla el mejor régimen de ejercicio para obtener un rendimiento cerebral óptimo:

- Como mínimo, deberíamos hacer alguna actividad aeróbica de intensidad moderada durante treinta minutos al menos cinco días a la semana. Para el ejercicio aeróbico, actividades como correr, andar en bicicleta o nadar son excelentes, pero el mejor tipo de actividad aeróbica es la que realmente puedas incorporar a tu estilo de vida. Si no has estado activo por un tiempo, la mejor manera de iniciarse es comenzar a caminar.
- Es mejor realizar algún tipo de actividad aeróbica seis días a la semana, entre cuarenta y cinco minutos y una hora. Procura no hacer los días de alta intensidad seguidos para permitir que tu cuerpo y tu cerebro se recuperen.

---

2. Rately, J.: Spark: The Revolutionary New Science of Exercise and the Brain, Little Brown and Company, Boston, Massachusetts, 2008.

- Agrega algún tipo de entrenamiento de fuerza o resistencia para desarrollar músculos, fortalecer huesos y proyectar articulaciones.
- Añadir actividades más complejas desarrollará habilidades varias, desafiará el cerebro y te ayudará a mantenerte ágil, por ejemplo, escalada, artes marciales, gimnasia, danza, yoga, pilates o ejercicios de equilibrio. Los deportes de raqueta son especialmente buenos porque ponen a prueba al mismo tiempo el sistema cardiovascular y el cerebro. La combinación de desafiar la mente y el cuerpo tiene un impacto positivo más significativo que el ejercicio aeróbico por sí solo.
- Considera unirte a un grupo de ejercicio para ponerte en marcha y mantener el rumbo. La interacción social es excelente para la salud, reduce el estrés y aumenta la motivación.

Ratey aconseja hacer algo casi todos los días, pero también mantener tu programa de ejercicios flexible y probar cosas nuevas. Enfatiza la realización de actividades complejas como artes marciales, yoga, gimnasia o escalada; no el ejercicio temprano por la mañana. Para mí, esto marcó la diferencia y comencé a programar descansos para entrenar en mis horas del día, lo que siempre me deja mentalmente sobrealimentado. Tras sufrir depresión durante muchos años, he comprobado los notables efectos positivos de la práctica regular del ejercicio para el cerebro que mejora el estado de ánimo. Cuanto más en forma estoy, más fuerte es mi agudeza mental y mi perspectiva. No hay duda de que la actividad es increíblemente poderosa tanto para la mente como para el cuerpo.

Estamos despiertos al menos dieciséis horas al día. ¡Pasar tan sólo una de esas horas (o incluso media hora) haciendo ejercicio será lo más importante que hagas en todo el día!

Hacer que el ejercicio te funcione

Hacer ejercicio no implica ir a una clase o levantar pesas en el gimnasio. Puedes unirte a un deporte de equipo y asistir a los entrenamientos y los partidos cada semana. Si no eres un gran fanático de los deportes, tal vez haya un hermoso jardín en tu camino a casa desde el trabajo. Tómate el tiempo para pasar por el parque y caminar por los jardines durante treinta minutos, lo que te permitirá relajarte del día y dejar que todo el estrés abandone tu cuerpo antes de llegar a casa con tu familia. Quizás siempre hayas querido ser profesor de yoga. Al tomar medidas para lograr este sueño, no sólo haces ejercicio, sino que también dedicas tu tiempo tanto a la actividad física como a la realización de un sueño empresarial. Haz que el ejercicio te funcione, de modo que cuando te tomes el tiempo durante el día para hacer alguna actividad física que te beneficie, te ayude asimismo a lograr lo que deseas, ya sea más amigos, tu cinturón negro de taekwondo o una certificación para impartir una clase de ejercicios.

Son innumerables los beneficios de hacer ejercicio. Una vez que adquieras el hábito de ser más activo, ejercitando tanto tu cuerpo como tu mente, encontrarás que alcanzar tus metas es más fácil. Estás más preparado para los desafíos de la vida, para concentrar tu mente en encontrar soluciones creativas, y ya tendrás la energía y la determinación incorporadas en tu cuerpo para resistir las pruebas de la vida que surgen cuando viajas hacia el éxito. Visualizarás tus metas con más claridad y podrás verte a ti mismo teniendo éxito ahora, envuelto en todos esos sentimientos positivos que obtenemos al tener éxito. Podrás trabajar físicamente más duro y durante más tiempo para lograr esos objetivos más rápido porque has acumulado resistencia al hacer ejercicio y, a nivel biológico, estás liberando muchas hormonas para sentirte bien que te darán más impulso.

No importa qué tipo de ejercicio o actividad física decidas comenzar, mi consejo es que nunca te detengas ni te des por vencido. La vida siempre será ajetreada. Nunca hay un momento perfecto para comenzar algo nuevo. Todo se reduce a hacerlo, convertirlo en una prioridad en tu vida y mantener el hábito de practicar el amor propio, de ponerte a ti mismo en primer lugar, aunque sólo sea para asegurarte de estar sano y feliz. La vida seguirá cambiando a tu alrededor, pero nunca elimines el ejercicio de tu vida para ahorrar un poco de tiempo en tu día. Recuerda, no tienes que ir al gimnasio todos los días. Un simple paseo de camino a casa será suficiente para mantenerte en el camino de mejorar y triunfar en la vida.

Principio #14

Paga más, da más, gana más

La forma de ser feliz es hacer felices a otros.
ROBERT G. INGERSOLL

Robert Kiyosaki,[1] autor de *Padre rico, padre pobre,* dice: «Los ricos miden su riqueza en dinero, no en tiempo. La mayoría de la gente se centra en hacerse rico en lugar de en enriquecerse».

Estoy de acuerdo.

Uno de los «secretos» de los que no se oye hablar demasiado cuando se trata de la atracción de la riqueza es cómo conservarla una vez que la tienes. Tanto en la vida como en los negocios, la riqueza no es sólo la cantidad de dinero que posees, sino también la lealtad y el compromiso de tus equipos, y cuánto tiempo tienes para dedicar a tus pasiones fuera de los negocios. Aprendí a medir mi patrimonio en términos de equipos felices, tiempo libre y beneficios intangibles.

Después de dirigir docenas de negocios exitosos, enseño el concepto de «Paga más, da más, gana más».

- *Paga más* de lo que se espera que pagues al compensar a tu equipo y a los proveedores, ya que prestarán más atención a los detalles, lo que tus clientes considerarán de valor.
- *Da* compensaciones *más* personales y no monetarias a tu equipo, proveedores y clientes.
- *Gana más* tiempo para ti mismo gestionando a tu equipo, proveedores y clientes desde la distancia.

1. Kiyosaki, R.: *Padre rico, padre pobre*, Debolsillo, 2018.

Paga más

En pocas palabras, si deseas sacar lo mejor de tu negocio, debes asegurarte de trabajar con los mejores. Trabajar con los mejores requiere que les pagues más.

Nuestro mayor inversor, que ha comprado más de 136 propiedades, una vez nos dijo que nos eligió después de visitar a nuestros competidores. Su razón era simple: «Tu organización y tus empleados prestan esa atención especial a los detalles, lo que me aseguró que era la elección correcta para mí».

Si una empresa busca maximizar las ganancias, se enfoca en reducir los gastos siempre que sea posible, incluidos los salarios de los empleados. La verdad es que la mayoría de las empresas pagan a los empleados lo menos posible. Ésa es la manera perfecta de alentar a los trabajadores que, a su vez, harán el menor esfuerzo posible. Ésta es una forma retrógrada de pensar en la compensación. Una mentalidad basada en las ganancias pagando los salarios más bajos posibles acaba paralizando el rendimiento y el compromiso de los empleados y dañando las finanzas.

Los resultados de pagar más

Cuando los empleados y los proveedores no están preocupados por el dinero, se centran en los detalles y en llevarlos a cabo de la forma correcta. Esto ahorra dinero en general y aumenta la satisfacción del cliente. Éstos son los beneficios de pagar más:[2]

- Las grandes personas no trabajan por salarios basura. Son inteligentes y saben lo que valen; eso es parte de lo que las hace excepcionales. Si buscas en el fondo del barril, eso es lo que encontrarás.
- Si deseas que la gente rinda a niveles más altos, sube el listón. No se puede exigir un alto rendimiento cuando se tienen pocas expectativas. Si pagas a los empleados de forma generosa, puedes esperar más de ellos y que se mantengan en un nivel más alto. También esperarán más de sí mismos.

---

2. Addady, M.: «Study: Being Happy at Work Really Makes You More Productive», Fortune, 29 de octubre, 2015, http://fortune.com/2015/10/29/happy-productivity-work/

- Las investigaciones demuestran que los empleados felices son un 12 % más productivos que sus colegas menos entusiasmados.
- Pagar más hace que tus mejores empleados sean más leales.
- A los consumidores les encanta hacer negocios con empresas que tratan bien a sus empleados. Interactuar con los empleados que no se preocupan por su trabajo es notorio y desagradable.

Aprender pagando menos

En uno de mis primeros grandes proyectos de construcción, negocié muy estrictamente y obtuve los precios más bajos de los contratistas. Los problemas comenzaron cuando los arquitectos que contraté no pudieron elaborar los dibujos y los planos a tiempo. No tenían suficiente personal ni trabajadores calificados, como ingenieros, según el presupuesto que había negociado con ellos. Terminaron subcontratando el trabajo, lo que provocó más retrasos y desafíos. Debido a que ganaban muy poco, los arquitectos, diseñadores y todas los demás personas que contraté realizaron trabajos de baja calidad con materiales baratos. Esto terminó costándome mucho más a largo plazo en reparaciones de su trabajo, tener que derribarlo y comenzar de nuevo.

Al negociar por las tarifas más bajas, hice que todos tomaran atajos porque tenían que ser conscientes de mantener una ganancia para ellos mismos.

¿Puedes permitirte pagar más?

Mito empresarial: Las pequeñas empresas no pueden permitirse el lujo de contratar a los mejores porque están centradas en no endeudarse y aumentar las ganancias.

Hecho empresarial: Esto es administrar un negocio con una mentalidad de escasez. Contrata lo que puedas pagar y obtendrás resultados asequibles. Al cambiar tu mentalidad a una de abundancia, puedes comenzar a tomar medidas para contratar a los mejores y, a su vez, obtener los mejores resultados, lo que te generará más ingresos y contar con clientes más satisfechos, por no hablar de más tiempo libre para ti. Quizás no puedas pagar demasiado al comenzar tu negocio; pues será cuando más ayudas necesites.

Da más

«Dar más» significa dar algo más que dinero a tus empleados para estimular niveles más altos de satisfacción laboral. «Dar más» puede referirse a beneficios, bonificaciones, formación, incentivos, responsabilidad o propiedad compartida; todo lo que tenga valor para los empleados y no esté relacionado con su salario.

Las personas están motivadas por el dinero sólo hasta cierto punto. Sabía que esto era cierto dados todos mis comienzos en falso en la vida. Nosotros, como especie, deseamos las cosas intangibles que el dinero no puede proporcionar, como sentirnos valorados, apreciados y reconocidos. Por eso debemos dar más.

He conseguido que las personas más excepcionales de las empresas inmobiliarias se hayan unido a mi equipo no sólo por los salarios excepcionales o mejores beneficios que ofrezco, sino también porque les brindamos un mejor ambiente de equipo, inspiración para ser mejores, formación para convertirse en una persona más feliz y exitosa, y mayores posibilidades de crecimiento. Si deseas que los mejores en el campo de tu negocio trabajen para ti, asegúrate de ofrecerles algo que te distinga de tus competidores. Necesitan ver que trabajar contigo es su mejor opción en la industria y a nivel personal.

Al conocer a tus empleados, sabrás cómo crear situaciones para «dar más» que los motiven más allá del dinero y no te cuesten mucho. Puedes implementar uno, dos o más beneficios no monetarios al paquete de un empleado que agregan un gran valor. Cosas como:

- horarios flexibles
- tiempo libre pagado para desarrollo personal o familiar
- capacitación en múltiples áreas
- clases en línea
- programas de bienestar en el lugar de trabajo
- seminarios motivacionales

- programas de bonificación estructurados
- acciones en la empresa

Da más fe, confianza y vía libre

Los empleados quieren sentirse empoderados; tu fe en su capacidad para tomar decisiones puede ser más valiosa que el dinero en muchos aspectos. Una de las formas de construir esa fe es permitirles trabajar en tareas para las que no fueron contratados originalmente, lo cual demuestra que tienes fe en que pueden lograr el éxito haciendo cosas nuevas. Al otorgar a los empleados más responsabilidad para tomar decisiones sin temor a cometer un error, generas confianza. Al poner a los empleados a cargo de resolver problemas, les demuestras que tienen vía libre para ser líderes. Éstas son formas increíblemente poderosas de contar con empleados leales que pondrán los mejores intereses de tu empresa en primera línea.

Al desarrollar un nuevo negocio, generalmente no asigno gerentes de inmediato. Permito que los empleados trabajen en equipo para lograr el éxito conmigo como su líder, dando ejemplo de cómo espero que funcione el negocio. Éste es un modelo de negocio muy motivador que utilizo con cada una de mis empresas.

Una vez que reúno a mi equipo y he tenido tiempo de revisar el rendimiento de todos sus miembros, elijo a una o dos personas que muestren grandes habilidades de liderazgo y puedan trabajar duro bajo presión y alentar a quienes los rodean a tener éxito. También escojo a aquellos en los que puedo confiar y en quienes más creo; personas que sé que ayudarán a motivar a todo el equipo a seguir adelante. Es difícil saber cómo va a rendir alguien basándose en un currículum vitae, pero cuando pones a los empleados en situaciones laborales reales, puedes ver cómo se desenvolverán.

Nunca quiero que uno de mis gerentes piense que es el enemigo porque es nuevo en el negocio en lugar de tener experiencia previa trabajando con ese equipo en particular. Cuando se trata de trabajar con los mejores, debes contratar a aquellos que ya sabes que son personas importantes dentro de tu propia empresa; hacer esto da más fe, confianza y vía libre a estos empleados que asumen importantes roles gerenciales. La fe, la confianza y la vía libre son increíblemente gratificantes.

La aplicación de esta estrategia me ha proporcionado los mejores empleados de la industria, desde superestrellas de ventas hasta los ejecutivos de marketing, contables, financieros y formadores más talentosos. Pagarle más a un empleado y brindarle más razones para sentirse inspirado y leal es una combinación increíble.

> ***Pagamos un alto precio, tanto a nivel personal como colectivo, cuando tratamos el compromiso de los empleados y la rentabilidad por separado.***
>
> **Arianna Huffington**

Llena las experiencias del empleado de propósitos

Cuando creas experiencias para empleados basadas en un propósito compartido, aprovechas lo que se llama una «Estrella del Norte». Tener una Estrella del Norte compartida, o conducir hacia unos principios apasionados, es fundamental para generar el compromiso de los empleados.[3] En mis empresas, me aseguro de contratar a las personas que se muestran más abiertas a probar cosas nuevas; éste no es siempre el caso cuando contrato empleados, pero es una consideración importante. Mi personal incluye a muchos mileniales, que generacionalmente tienen un gran deseo de conectarse con un propósito más grande que las ganancias que generan su trabajo. Naturalmente, anhelan la oportunidad de contribuir a su potencial y prefieren recompensas por rendimiento que aprovechen sus verdaderas motivaciones. El propósito se ha convertido en la herramienta de captación y retención de talento más valiosa.

Uno de mis ejemplos favoritos de esto es Southwest Airlines. Durante más de cuarenta años, Southwest ha compartido las ganancias de la empresa con sus trabajadores. Cada semana, el director general, Gary Kelly, elogia públicamente a los empleados que han hecho un esfuerzo adicional para ejemplificar un excelente servicio al cliente. La revista a bordo de la aerolínea, *Southwest Spirit*, presenta empleados que destacan, mientras que los vídeos prácticos compartidos internamente capturan aún más la pasión de la compañía. El propósito

3. Brown, C.: «Keys to Earning Sustained Loyalty From Your Employees», 21 de junio, 2018, https://chiefexecutive.net/keys-to-earning-sustained-loyalty-from-your-employees/

nunca fue llevar a cabo una campaña de marketing para la aerolínea. Es la Estrella del Norte que guía las decisiones y el comportamiento cotidianos en todos los trabajadores. La empresa puso en práctica su propósito en toda su cultura probando un servicio excepcional para obtener beneficios. Y lo que no es menos importante: utilizó el poder de la narración de historias para recompensar a los empleados de alto rendimiento, incorporando el propósito en todo su recorrido. Creo firmemente en el principio de dar más.

Cuando diseñamos el compromiso (estrategias basadas en un propósito y alineadas con las aspiraciones subyacentes de los empleados), pueden surgir equipos productivos, leales y de alto rendimiento.

Gana más

Uno de los factores fundamentales para mantener la riqueza que atraes a tu vida es tener el suficiente tiempo para reflexionar sobre ella, disfrutarla y continuar las prácticas que la hicieron posible.

Reflexionar sobre tu riqueza es muy importante porque te ayuda a sentir gratitud hacia ella, determinar cómo usarla mejor y reflexionar sobre las cosas que debes hacer para mantenerla. La reflexión requiere tiempo para pensar, o el Principio 4.

Disfrutar de tu riqueza, tanto monetaria como intangible, también requiere tiempo; tiempo libre. El tiempo libre significa que puedes desprenderte física y mentalmente de tus responsabilidades. Esto te permite dedicar tiempo real a disfrutar de la familia, los amigos, las experiencias y tu propia evolución sin los vínculos mentales de tu negocio, lo cual es clave para el éxito a largo plazo.

Continuar con las prácticas que te hicieron rico también es primordial. Cuando dejo que mi negocio saque lo mejor de mí (generalmente mediante la microgestión), dejo de dedicar tiempo a pensar, establecer metas, visualizar, mantenerme físicamente activo y tomar medidas inspiradoras. Todas estas cosas son las que me ayudaron a atraer riqueza y oportunidades en primer lugar.

Si no puedes dedicar más tiempo a participar activamente en tu negocio, siempre estarás persiguiendo a la riqueza, en lugar de atraerla. Es importante dar tanta prioridad a tener más tiempo libre como a atraer y retener a los mejores empleados. Ganar más tiempo libre requiere que no microgestiones a tus equipos bien pagados.

La microgestión te roba tiempo

La microgestión es uno de los hábitos más dañinos que puede tener un líder, emprendedor o ejecutivo empresarial. Va en contra de los principios de dar y ganar más. Los equipos se estancan al pasar por laboriosos procedimientos y el entorno que generan es peor. Los grupos que se adaptan a un estilo de microgestión son rebeldes o desdichados en silencio, incapaces de tomar decisiones independientes. La compensación importa cada vez menos en esta espiral descendente.[4]

La microgestión te mantiene apagando incendios continuamente, en lugar de concentrarte en las tareas que sólo tú puedes realizar.

¿Por qué microgestionar, especialmente cuando es contraproducente para la estrategia «Pagar más, dar más, ganar más»? El motivo de la microgestión abarca desde la falta de confianza hasta la simple inexperiencia.

Yo administro todos mis negocios a través de correo electrónico y llamadas telefónicas, pero eso no significa que no preste atención a todos los aspectos de mis diversas organizaciones. Sé lo que está sucediendo todo el tiempo, sin importar en qué parte del mundo me encuentre. Pago muy bien a los empleados, los mantengo motivados dándoles más de lo esperado y les empodero. Para evitar la necesidad de microgestionar, creo confianza entre nosotros.

Cada equipo, departamento y empresa trabajan en conjunto. Si una empresa carece de un departamento, los resultados se mostrarán en los informes diarios y en las reuniones. Se crean soluciones y se solventan los problemas. Incluso, cuando llegas a ser en un empresario exitoso, el trabajo no se detiene ahí.

Se necesita toda una vida de dedicación y disciplina para mantener un negocio próspero, lo cual es más fácil con un equipo dedicado. Es fácil administrar en la distancia cuando confías en tu equipo; la confianza proviene de los beneficios intangibles que se crean cuando pagas más, das más y ganas más.

4. Ibíd.

Principio #15

Imitación y orientación perfectas

Uno de los mayores valores de los mentores es la capacidad de ver lo que otros no pueden ver y ayudarlos a seguir un rumbo hacia su destino.

JOHN C. MAXWELL

No importa en qué negocio trabajes, siempre habrá un competidor que haga muchas cosas mejor que tú. «Mejor» se consigue con la experiencia.

El mercado inmobiliario es un muy competitivo porque hay varios agentes, pero sólo un número limitado de casas, y tienes que convencer a los propietarios de que vendan su casa contigo. Aunque se trata de un negocio desafiante, entrar no es imposible. Tienes que aprender a eclipsar a tus competidores, de modo que los potenciales clientes piensen primero en ti cuando quieran vender o construir una nueva propiedad. Lo mismo se aplica a cualquier negocio. Descubre lo que te diferencia de tus competidores y asegúrate de que tu empresa continúe prosperando.

Para eclipsar a tus competidores, primero debes imitar sus prácticas exitosas y luego diferenciarte de ellos agregando o innovando tus ideas probadas y haciéndolas únicas para ti.

Cuanto más sepas acerca de tus competidores, más podrás mejorar lo que ofrecen. Mantente siempre un paso por delante de ellos, ya que esto te dará ventaja. Estudia sus sitios web, materiales de marketing, promociones y ofertas. Lo más importante es conocer a sus mejores empleados para que algún día puedas motivarlos a trabajar para ti. Las grandes personas y artistas no sólo te brindan el espectáculo en sí. He aprendido cómo operan otras empresas, sus secretos y sus problemas. Incluso descubrí las mejores estrategias de éxito de otras organizaciones aprendiendo de sus mejores empleados.

Cuando era nuevo en este negocio y mi carrera como promotor inmobiliario empezaba a tomar forma, no sabía mucho sobre construcción, arquitectura o diseño de interiores, así que estudié a los constructores más admirados de Tailandia. Investigué a todos los mejores y poco a poco descubrí qué constructores, arquitectos y diseñadores de interiores prefería el mercado. Empecé a imitarlos y me puse en contacto con los mismos constructores, arquitectos, interioristas y diseñadores gráficos. ¡Para ser el mejor tienes que trabajar con los mejores!

Recuerdo haber sentido un gran deseo de convertirme pronto en uno de los mejores constructores y me propuse recibir un premio de Propiedades de Asia Pacífico en cinco años. Pasaron cuatro años y siete meses hasta que subí al escenario en Bangkok para aceptar mi primer premio por mi primer proyecto de 201 apartamentos, que había construido y vendido. Sabía desde el principio que necesitaba trabajar con las mismas personas y empresas que los mejores para obtener resultados similares. Funcionó como lo imaginaba, y nueve años después he subido a ese mismo escenario ocho veces diferentes, recibiendo numerosos premios en todas las categorías por casi todos mis proyectos. Estoy convencido de que un enfoque de «imitación e innovación» funcionará en cualquier industria. Si quieres ser el mejor, aprende de los mejores, adapta sus estrategias y luego personalízalas.

Imitar: El camino rápido hacia el éxito

Empieza por algo sencillo y pequeño. Domina los aspectos menores antes de intentar ser como tus modelos en sólo unos días. Es fácil bloquearse, darse por vencido. Las respuestas están ahí fuera. El verdadero éxito está disponible para cualquiera que esté dispuesto a acercarse y hacerse dueño.

Imitar a otros es uno de mis mayores secretos para el éxito. Cuando quiero un tipo de éxito en particular, o cuando intento alcanzar un objetivo específico, investigo y encuentro a las mejores personas en ese campo, incluso si son competidores. Miro lo que han hecho, lo que les ha funcionado y sus principios. Es como seguir una fórmula científica, y así es como he llegado a la cima tan rápido en mi vida. Acabo de seguir los mismos pasos que ya se han tomado, adaptándolos a mi situación y mis necesidades, y he encontrado una vida de éxito en poco tiempo.

No importa lo que quieras ser: encuentra a una persona que ya lo haya logrado y, simplemente, hazlo.

El éxito de Blue Horizon

Ahora soy más conocido por mi constructora inmobiliaria llamada Blue Horizon. Blue Horizon Development Company, LTD, ha estado en el negocio durante más de quince años. Tenemos más de 249 empleados y seguimos creciendo. En junio de 2017, Blue Horizon fue nombrada Mejor Promotora Inmobiliaria de Tailandia y recibió los galardones de Mejor Construcción y Diseño de Hoteles Nuevos en los Premios de Propiedades de Asia Pacífico. En julio de 2017, Blue Horizon recogió tres premios más de Thailand Property y Dot Property Group. Entre los proyectos de Blue Horizon se encuentran el galardonado The Beachfront, los galardonados Skylight Villas, Signature Villas y el Himalai Oceanfront Condominium. ¡También fuimos nominados nuevamente en 2018!

Llevó tiempo llegar a estas alturas, pero también hizo falta un equipo sólido formado por los mejores empleados para hacerlo realidad. No puedo decir que *yo* creé Blue Horizon; lo hicimos *nosotros*. Fue necesario todo un equipo de personas para hacer realidad este sueño. Lo que comenzó como mi objetivo de convertirme en el mejor promotor de Tailandia se convirtió en un sueño que ahora comparto con muchos otros. Hice crecer una empresa, una familia de personas que trabajan juntas, celebran juntas y prosperan para elevarse mutuamente hacia el éxito continuo. Todo lo que necesité fue aprender cómo convertirme en el mejor en este negocio. Al estudiar a otros líderes y a mis competidores, me he convertido en el mejor y he podido llevar a mis empleados conmigo en este fantástico viaje.

Encontrar un mentor

Una forma de eclipsar a tus competidores y tener ventaja en tu negocio es conseguir un mentor. Los mentores pueden aparecer de muchas formas diferentes. Al principio de este libro, mencioné que mi padre me había regalado el aprendizaje y la educación, pero el regalo de mi madre fue la mentoría. Era una mujer fuerte con cuatro hijos increíbles, la única persona que siempre había creído en mí y me había animado a ser lo mejor que podía ser, a seguir siempre persiguiendo mis sueños. Sus palabras me daban fuerza. Recientemente perdió su batalla contra el cáncer y todavía está en mi corazón. En cuanto a la mentalidad y a ayudarme a convertirme en un maestro de la ley de la atracción, autores como William Walker Atkinson, Charles Haanel, el doctor Joe Vitale y Napoleon Hill han sido mis mentores. Un mentor puede ser un entrenador exitoso al que admiras, un líder en su industria al que emulas o un miembro de la familia que siempre te apoya y te motiva pase lo que pase.

Un mentor es tan beneficioso porque es como esa persona que siempre guardas en tu bolsillo trasero, tu arma secreta, quien siempre estará disponible para ayudarte. Esa ayuda puede provenir de tener una lista de citas inspiradoras de tu mentor, que también es autor. Puede ser un amigo cercano al que siempre puedes llamar y pedir consejo. Tu mentor podría haber creado varios vídeos de motivación a los que puedes acceder en cualquier momento. La cuestión es que, cuando tienes acceso rápido a un mentor, siempre estarás motivado e inspirado para seguir adelante.

En una encuesta de sus clientes, MicroMentor, una consultora de mentores, encontró que el 83 % de las empresas con mentores sobrevivieron a sus primeros dos años, en comparación con el 74 % de las empresas sin mentores. La misma encuesta también reveló que las empresas con mentores tenían más probabilidades de lanzarse y mayores aumentos de ingresos que las que no lo tenían.[1]

Imitar el éxito de otras empresas con un mentor es una forma de acelerar tu propio éxito.

Un mentor también «ha estado allí, ha hecho eso y ha sobrevivido». El objetivo de tener un mentor es que puedas aprender de sus errores y sus innovaciones. Él te lleva a tu objetivo más rápido gracias a sus conocimientos previos.

Aunque es posible que puedas hacer todo el trabajo tú mismo, no puedes pasar por esta vida solo. Cuando tienes a alguien a quien admiras, alguien que te inspira siempre a esforzarte por ser el mejor, entonces, tienes algo que quizás tus competidores no tengan.

---

1. «Impact: Business Mentoring Fuel Success», MicroMentor, acceso el 6 de febrero de 2019, www.micromentor.org/learn-more/impact

Este libro es un excelente ejemplo de cómo acelerar tu éxito. Yo busqué la mentoría del doctor Joe Vitale para mi desarrollo personal y para motivar a mis empleados. Al conocerme, Vitale comenzó a orientarme de inmediato. No sólo tuvo la idea de que debería escribir un libro, sino que me mostró cómo podía hacerlo. Me presentó a los editores y comerciales adecuados y me proporcionó las conexiones internas necesarias para que el libro tuviera mucho éxito. Me proporcionó modelos de libros para seguir, y así lo hice; luego perfeccioné la fórmula donde pude. Algunas personas tardan años, incluso décadas, en escribir el libro que llevan dentro. Yo pude hacerlo en seis meses, todo debido a la imitación y la mentoría.

Principio #16

Invierte en tus empleados

Levántame y yo te levantaré. Y ambos ascenderemos juntos.
PROVERBIO

Contratar a personas es fácil, pero retener a las adecuadas es más difícil. Debes ayudarlas a crecer para asegurarte de no perderlas.

Cuando comencé mi primera empresa, estudié a los grandes maestros del éxito. Leí sus libros, vi sus vídeos y, ocasionalmente, asistía a sus seminarios. Absorbí todo lo que pude de personas como Napoleon Hill, el doctor Joe Vitale, Brian Tracy, Jack Canfield y muchos más. Estudiaba los capítulos de sus obras, copiaba sus notas y citas inspiradoras, las memorizaba en la medida de lo posible y, cuando me sentía listo, dirigía pequeños cursos en mi propia empresa. Daba presentaciones a mis pocos empleados tratando de compartir lo que había leído en todos esos libros sobre el éxito. Al principio me mostraba torpe, tosco y me sentía incómodo, pero sabía que les estaba transmitiendo una información que no habían escuchado antes con toda la pasión que podía reunir. Mi pasión compensaba mi falta de habilidad para hablar en público.

El simple acto de compartir el conocimiento adquirido con aquellos que yo también quería que tuvieran éxito inspiró a mis empleados. Empezaron a preguntar dónde había adquirido todo este conocimiento y dónde podían comprar los mismos libros. Nuestro mundo moderno ha caído en una profunda mentira: la mayoría de la gente cree que una vez que terminamos la escuela, dejamos de aprender, o que no hay nada más que descubrir en nuestros campos y que no necesitamos seguir formándonos. En verdad, sólo comenzamos a aprender sobre nosotros mismos y nuestro ilimitado potencial humano después de habernos graduado.

Cuando los empleados tienen un propósito y una razón para tener éxito, son mucho más productivos en el trabajo. Son más dedicados, enérgicos e incluso entusiastas cuando se esfuerzan por mejorar. Por eso, cuando contrato nuevos empleados, siempre me gusta preguntarles sobre sus objetivos, aunque sólo sea para hacerme una mejor idea de ellos como persona. Me encanta escuchar qué los impulsa a tener éxito y en qué nuevas metas están trabajando. Cuando queremos lograr algo en la vida y lo perseguimos con motivación, lo que podemos crear y lograr a menudo supera con creces cualquier cosa que pudiéramos haber imaginado inicialmente.

Después de escuchar los objetivos de mis empleados, les hago preguntas de seguimiento para ayudarlos a avanzar. Pregunto cosas como: «¿Qué crees que puedes hacer esta semana para alcanzar esa meta?», seguido de: «Bien, ¿y este mes, el mes que viene, este año?». Me gusta mostrarles que pueden actuar ahora para cumplir esas metas y que a veces hay pequeñas metas, pequeñas cosas que podemos lograr durante los próximos meses para lograr también esas grandes metas.

Este mismo tipo de preguntas son las que uso cuando necesito un informe o una tarea en particular que esté lista en una fecha límite. En lugar de decirles a los miembros de mi equipo que necesito que se haga algo para mañana, les pregunto: «¿Qué crees que puedes hacer para tener esto listo mañana?». Es posible que me den respuestas en ese momento, o sean honestos y digan que no podrán hacerlo para mañana, pero sí para el día siguiente. Esto crea un entorno de pensamiento crítico, de búsqueda de soluciones de las que todos puedan formar parte; es una forma de invertir en los empleados. Me interesa especialmente la manera en que se completan los proyectos al preguntar a mis equipos cómo terminarán esta o aquella tarea. En estos escenarios, son más honestos, humildes y responsables acerca de cómo están a punto de actuar. Entonces, se construye una relación de confianza y dependencia que hace que cada uno de mis negocios sea exitoso.

Cuanto mejor se desempeñe tu equipo, más cosas lograréis en la vida.

Averigua qué es lo importante

Mi asistente principal, Nenny, ha estado en mi organización desde el principio. Cuando la conocí, supe de manera instintiva que era una empleada revolucionaria. El único problema era que ya tenía un trabajo y no tenía interés en dejarlo.

Durante un tiempo, traté de que Nenny dejara su trabajo y trabajara para mí ofreciéndole un salario más alto y más días de vacaciones, pero siempre me rechazaba con cortesía. Estaba perplejo. ¿Por qué no aceptaba el puesto después de haberle ofrecido un aumento salarial? Finalmente, un día la invité a cenar y pasé la noche conociéndola, las cosas que eran importantes para ella en la vida y sus miedos.

Durante la cena descubrí que Nenny tenía una hija que no vivía en Tailandia y que tenía miedo de no poder mantenerla desde la distancia. Estaba muy dispuesta a tener a su hija cerca y supervisar su educación. A Nenny no le interesaba simplemente ganar más dinero, lo que le importaba de veras era implicarse más en la vida de su hija.

Estaba comprometida con su trabajo actual porque creía que proporcionaba el mejor futuro para su hija. La motivación de Nenny se centraba en estar con ella. El aumento de vacaciones que yo le pudiera ofrecer no resolvería el hecho de que no podía ver a su hija con regularidad; pagarle más dinero no la iba a acercar más a ella. Por lo tanto, no tenía incentivo alguno para cambiar de trabajo, ya que, además, podría suponerle un riesgo si no salía bien. Nenny estaba segura en su puesto; esa seguridad significaba que podía mantener a su hija. Por mi parte, sabía que contar con Nenny a bordo sería esencial para hacer crecer a mi empresa por muchas razones, así que decidí invertir en ella como empleada de una manera muy poco tradicional. Lo considero una inversión porque veía la relación como un éxito a largo plazo y necesitaba contribuir a ese éxito mucho antes de experimentar los resultados por mí mismo.

Le ofrecí el trabajo porque había visto que era una gran profesional. Sabía que quería ganarme su confianza de inmediato. Me tomé el tiempo para aprender más sobre Nenny y descubrí los detalles sobre su hija y la relación entre ambas. Este nuevo conocimiento me permitió ofrecerle un contrato a largo plazo. Acordé que, si ella trabajaba para mí y seguía mostrándose tan dedicada y cumplidora, no sólo traería a su hija a Tailandia, sino que también le pagaría la educación en una escuela internacional hasta que cumpliera los dieciocho años.

Los beneficios de invertir en tus empleados

He escuchado a los escépticos decir que ésa fue una decisión arriesgada. ¿Qué hubiera pasado si hubiera traído a la hija de Nenny a Tailandia, le hubiera pagado una escuela y luego Nenny hubiera dejado el trabajo? Ciertamente, eso podría haber sucedido. También he oído decir que pagar la educación de los hijos de un empleado no es un buen uso del dinero de la empresa. Yo no lo considero así.

¿En cuántas cosas invertimos nosotros, como dueños de negocios, a largo plazo, creyendo que generarán grandes dividendos?

- Publicar anuncios para nuevos empleados con la esperanza de que estén mejor calificados que el último que ocupó ese puesto.
- Publicidad para conseguir nuevos clientes con la creencia de que los gastos de marketing serán menores que las ganancias.
- Contratar a un gerente de recursos humanos para mantener contentos a los empleados y con la idea de reducir las sustituciones.
- Pagar la formación avanzada para los empleados con la esperanza de que permanezcan más tiempo y tengan mejor rendimiento.
- Otorgar bonificaciones por rendimiento creyendo que así generarán una mejor productividad a largo plazo.
- Invertir en nuevas tecnologías para aumentar la producción de los empleados.

Todas estas inversiones presentan el mismo riesgo de no funcionar que invertir en las mayores preocupaciones personales de un empleado. La inversión no está exenta de riesgos, por lo que debes asegurarte de valorar la inversión en sí. Creo que invertir en mis empleados está más alineado con todos mis principios patrimoniales que invertir en tecnología o infraestructuras. Yo, ante todo, invierto en mis empleados.

A lo largo de los años, Nenny y yo hemos formado un estrecho vínculo que me permite confiar en ella durante los momentos más estresantes. Sé que siempre vela por mis negocios y, por eso, es la empleada que lleva más tiempo conmigo.

Después de contratar a alguien y tomarme el tiempo para ayudarlo a crear sus propias metas, veo qué puedo hacer para asegurarme de que tenga éxito; es la primera forma en que los empleados reconocen mi inversión en ellos. Anoto sus metas y las cuelgo en la oficina, para que todos puedan ver quién se esfuerza por hacer qué. Animo a los miembros de mi equipo a que se conozcan y se animen mutuamente en cuanto a sus objetivos. Este tipo de apoyo comunitario es otro nivel de inversión. Luego, ellos comienzan a ayudarse mutuamente a tener éxito y, debido a que están impulsando las pasiones de los demás, mi negocio continúa mejorando a pasos agigantados porque mis empleados están felices y motivados a tener éxito en todos los aspectos de sus vidas. Este nivel más profundo de inversión en tu equipo ayuda a los empleados a lograr sus objetivos, ya sean monetarios, una nueva oportunidad o experiencia. Me aseguro de que sepan lo que espero de ellos como empleados y que, como señal de lo importantes que son para la organización, estoy dispuesto a pensar de manera innovadora en formas de mejorar su vida, para que puedan estar más centrados y centrados en los resultados del trabajo. Ésta es una situación en la que todos salen ganando y estoy muy orgulloso de incorporarla a todos mis negocios. Todos mis empleados están conectados y progresando para alcanzar la grandeza.

Principio #17

Valora la positividad por encima de los resultados

Las grandes mentes discuten ideas; las mentes promedio discuten acontecimientos; las mentes pequeñas discuten con las personas.
ELEANOR ROOSEVELT

Atraer riqueza, crear nuevas oportunidades y formar un equipo ganador tienen una cosa en común: son muy susceptibles a la influencia de las personas y los pensamientos negativos. La negatividad es como el cáncer; se propaga muy rápidamente y afecta a todos y a todo. ¿Qué hace un médico cuando encuentra un tumor? Lo extirpa muy rápido, antes de que se extienda. Si deseas atraer una gran riqueza a tu vida y construir un negocio fantástico, entonces debes eliminar a las personas negativas de tu entorno, sin importar cuántas ventajas o dinero te aporten a ti y a tu empresa.

Identificar el cáncer

Hace unos años, uno de mis principales agentes de ventas (lo llamaremos Rob) tuvo su primer mes malo. Cuando dejó de hacer ventas, comenzó a proclamar en la oficina cosas como:

«Ya no hay muchos clientes. El mercado está cayendo».

«Tenemos demasiados competidores».

«Sólo me tocan los clientes malos y sin dinero».

Lo llevé a mi oficina y le permití repetir todas esas excusas con las que justificaba sus malos resultados. Le transmití que entendía que ese mes sus ventas hubieran sido malas y que no lo juzgaba por ello. Le pedí que viera algunos vídeos en la línea de expertos en éxito de ventas como Brian Tracy, y le envié artículos para que los leyera, todo en un intento de lograr que volviera a entrar en el juego. También le hablé de mi éxito con la fijación de metas y la visualización. Rob salió de mi oficina con una respuesta muy poco comprometida, pero era mi mejor vendedor y no quería que se desanimara. Por tanto, me esforcé mucho en invertir en él con conocimiento y comprensión. Por error, también le otorgué el don de mirar hacia otro lado.

Días después de nuestra reunión, comenzó a quejarse amplia y abiertamente a los otros agentes y al personal de marketing durante las pausas para el almuerzo y después del horario laboral. Decía cosas como:

«Si soy el mejor vendedor y no consigo hacer una venta, entonces, algo no va bien».

«La competencia está ganando terreno y alejando a los clientes. Las cosas empeoran».

No tardé mucho tiempo en ver cómo la influencia cancerosa de Rob se estaba extendiendo dentro de mi empresa. En unas pocas semanas, la mitad de todo el personal de ventas y la mitad del de marketing comenzaron a decir y creer las mismas cosas. En la oficina sólo escuchaba cosas de este estilo:

«¿Crees que Rob va a trabajar para la competencia?».

«¿Has visto las ventas de David esta semana? ¿Cómo ha podido hacer una venta cuando Rob no consigue ninguna? Algo está pasando».

Era muy notorio que la confianza, determinación y motivación del equipo estaban sufriendo. Los resultados de ventas también eran malos. Aun así, me preocupaba lo que sucedería con los ingresos a largo plazo si Rob no formaba parte del equipo. Peor aún, si Rob se iba, ¿se irían también los otros vendedores?

Le estaba dando más valor a los resultados que a la construcción de una organización de ventas positiva. Valorar los resultados también te pone en la posición de preocuparte, estar ansioso y tomar decisiones precipitadas.

Tuve otra conversación con Rob acerca de mantener una actitud positiva y acabar con los chismorreos. En la reunión, me explicó que él no era responsable de esos comentarios negativos y que los peores vendedores chismorreaban por celos. También dijo que él no era el problema; era la recesión del mercado lo que hacía que todo el mundo hablara.

Cuando el cáncer en el lugar de trabajo es incurable

Hace unos años, realicé un seminario sobre el éxito para mis empresas al que invité a maestros del éxito a venir y hablar con mi equipo y ofrecer una perspectiva diferente sobre el éxito.

Una de estas personas fue Brian Tracy, autor de más de setenta libros traducidos a decenas de idiomas. Sus libros más populares son *Earn What You're Really Worth, ¡Tráguese ese sapo!* y *Psicología de ventas.*

Pasé un rato en privado con él después del evento y le pregunté cuál era su mejor consejo en cuanto a hacer crecer una empresa. Su respuesta fue simple: «Si sabes que ya has hecho todo lo posible para formarlos, inspirarlos y liderarlos, y aun así no mejoran, entonces no lo dudes; no esperes y déjalos ir lo más rápido posible». Este método de liberar a un excelente equipo de personas negativas fue uno de los mejores consejos que he recibido.

Desde ese día, he adoptado esa estrategia y nos ha salvado a otros miembros del equipo y a mí de un mayor crecimiento del cáncer y daños a largo plazo.

Con Rob, no tuve otra opción que cortar el cáncer y curar el área circundante antes de que se propagara más. Lo invité a mi oficina por tercera vez y, en esta ocasión, lo liberé para que encontrara un «puesto más adecuado» para él.

He visto a grandes equipos y grandes organizaciones hundirse debido a la negatividad. El gran trabajo en equipo se erosiona a medida que se instala la negatividad y comienza a disolver las actitudes positivas. Esta falta de negociación cuando se trata de personas que no trabajan en equipo, o negativas, debe ser cierta incluso si se trata del mejor empleado. Cuando intentas hacer crecer tu negocio, dejar ir a tu mejor empleado puede resultar muy difícil y afectar a las ventas de forma temporal, pero no debería importarte. Valora siempre la positividad sobre los resultados. Aún puedes obtener mejores resultados, pero no siempre puedes corregir los que tiene una persona que no trabaja en equipo o un empleado negativo en tu organización.

Aunque tengas un equipo formado por los mejores en ese mundo, cuando permites que la negatividad y el chismorreo se infiltren, perderás incluso contra los competidores más débiles e inexpertos. Otro grupo ganará porque estará más motivado, decidido y no ha permitido que continúen la negatividad y los chismorreos.

La negatividad se oculta en la complacencia

Como he mencionado en un capítulo anterior, a la hora de seleccionar nuevos empleados, me tomo el tiempo para conocerlos y conocer sus metas, para aprender qué los impulsa y qué llena sus vidas de pasión. Si no tienen metas cuando los conozco, les ayudo a crearlas. También trato de encaminarlos hacia el logro de esos objetivos porque sé lo poderoso que resulta esto para contar con empleados dinámicos, productivos y leales.

A veces una persona no está dispuesta a leer los libros que le sugiero o a probar algunos de los ejercicios que le propongo. Otras, deben pasar unos meses en la empresa hasta que me entero de que una persona tiene aversión al aprendizaje. Una vez que reconozco esto en los empleados, puedo deducir tres cosas:

1. No saben trabajar en equipo.
2. No tienen interés en ayudar a los demás, sólo a ellos mismos.
3. No están motivados para lograr ninguna superación personal. Cuando le digo esto a la gente por primera vez, a menudo me contradicen.

«Andres, el hecho de que no lean los libros que les sugieres o que no prueben los ejercicios de fijación de objetivos o de visualización que les recomiendas, no significa que no sepan trabajar en equipo».

Para ser claros, cuando le pido a un empleado que lea un libro o participe en un ejercicio, no le estoy pidiendo que siga ciegamente mis creencias. No le estoy pidiendo que renuncie a sus ideas. No le estoy pidiendo que imite o repita lo que lee. Le pido que permanezca abierto a las posibilidades y a las nuevas formas de pensar, porque ambos son elementos cruciales para el éxito, a nivel personal y como parte de un equipo. Le pido que pruebe algo nuevo y vea si le funciona. Le pido que forme parte de una cultura de equipo, que me permita ver cómo de abierto se muestra a las ideas de los demás, cuánto está dispuesto a participar en el crecimiento de un gran equipo y cuántas ganas tiene de invertir en su propia realización.

Las personas negativas con aversión al aprendizaje deben ser eliminadas de tu equipo de inmediato. Esto no sólo garantiza que la negatividad no se instale en tu organización, sino que también es un ejemplo para los demás empleados. Verán que honras una cultura de positividad y que eso no es negociable.

Una de las cosas más difíciles de hacer es aislarte de las malas conversaciones. Sin embargo, cuando lo haces, tu vida se transforma de la noche a la mañana.

No toleres los chismes

Ahora está científicamente probado que las emociones son contagiosas y se transmiten de un humano a otro cuando están lo suficientemente cerca, como el resfriado común.[1] Por eso he creado una de mis reglas de oro en todas mis empresas, organizaciones y equipos, incluso en mi propia familia: nunca, nunca, difundir chismes, pues alimentan la negatividad.

Si alguna vez acabo teniendo una conversación negativa en algún lugar público, siempre me aseguro de disculparme y fingir que tengo que hacer una llamada telefónica urgente o ir al baño. Me niego a dejarme arrastrar por la energía negativa, lo cual conduce a más problemas en la vida y los negocios. Lo mismo ocurre en los negocios.

Los chismes destruyen la confianza y minan la moral

Si las conversaciones privadas se convierten en un tema de chismorreo en el lugar de trabajo, los compañeros pueden perder la confianza entre ellos. Cuando los empleados son objeto de habladurías, esto también puede afectar negativamente a su moral y, con el tiempo, podrían decidir renunciar a su empleo.

Las habladurías obstaculizan el trabajo en equipo

Cuando alguien se convierte en objeto de habladurías en el lugar de trabajo, se crea un ambiente laboral tóxico con falta de unidad. Puede que un empleado que esté demasiado concentrado en los chismorreos no pueda concentrarse en el trabajo y su productividad se vea afectada.

---

1. Weinschenk, S.: «Emotions Are Contagious», Psychology Today, 1 de junio, 2016, www.psychologytoday.com/us/blog/brain-wise/201606/emotions-are-contagious

Cuando creas un equipo que se centra en comportarse de forma positiva, alentando a otros miembros del equipo a pensar y colaborar libremente, y que se concentra en el desarrollo personal y lo aplica a su rol en la empresa y se mantiene proactivo, tendrás con toda seguridad mejores resultados en cada área de tu empresa, como el flujo de trabajo, la productividad, la lealtad, la satisfacción laboral, el crecimiento y los ingresos.

Por todas estas razones, ¿por qué alguien que intenta atraer riqueza y crear oportunidades en los negocios no se opondría a la negatividad y a las habladurías y, lo que es más importante, no implementaría estrategias que ayuden a los empleados a evitar volverse cancerosos? Toma estas estrategias como ejemplo:

Tener una política antichismorreo.

- Educar a los empleados sobre una vida positiva a través de libros y seminarios.
- Fijación de metas.
- Visualización.
- Evitar la negatividad.
- Interactuar sólo con emociones positivas.

La negatividad (y los chismorreos que la alimentan) es cancerosa para un negocio próspero, al igual que lo es en las relaciones personales; por eso siempre debes valorar la positividad sobre los resultados. Tomar decisiones basadas en resultados no siempre es la mejor opción para tus relaciones, tratos comerciales, atracción de riqueza o para crear oportunidades ilimitadas. Piénsalo:

- Si permaneces en una relación estresante porque tu pareja tiene un gran potencial de ingresos, el estrés terminará finalmente por romper la relación. En lugar de separarte y seguir siendo amigos, al final destruyes el vínculo.
- Mantener a tu mejor vendedor, a pesar del impacto negativo que tiene en los otros miembros del equipo, finalmente, conducirá a una menor productividad o rotación entre los miembros del equipo de apoyo. Sin apoyo, tu mejor vendedor no puede atender adecuadamente a los clientes. Los buenos vendedores respaldados por un equipo positivo generarán más beneficios a largo plazo que el mejor vendedor sin el apoyo del equipo.

- Los empleados que no están preparados para hablar sólo de manera positiva sobre tu empresa dirán básicamente cosas incorrectas en la situación incorrecta, lo que podría afectar a tus ganancias y nuevas oportunidades.

No permitas que las habladurías se filtren en tu organización, ya que generarán negatividad y mala energía. Necesitas eliminar a las personas negativas de tu negocio y de tu vida de una manera afectuosa que les permita apartarse sin resentimiento. Así, podrán seguir sintiéndose bien consigo mismos y tú también te sentirás bien.

Rodéate de personas con motivación positiva que te animen y crean en ti.

Mantente alejado de las personas negativas lo más rápido posible, ya que siempre te conviertes en la suma total de las personas que te rodean.

Creo tan firmemente que el chismorreo es una de las mayores causas de negatividad en el lugar de trabajo que estoy a favor de que los empleados firmen un formulario de política antichismorreo, similar al siguiente del Colegio de Abogados de Pensilvania, para que vean que no lo tolero.

Política antichismorreo[2]

Las habladurías drenan, distraen y disminuyen la satisfacción laboral. Todos hemos chismorreado en algún momento, pero la mayoría decimos que no nos gusta. Crear un lugar de trabajo más positivo y profesional requiere un compromiso con una atmósfera libre de chismorreos.

La definición de chismorreo es un rumor o charla de naturaleza personal, sensacionalista o íntima. Un chismoso es alguien que habitualmente difunde rumores o hechos íntimos o privados.

Chismorrear también es un verbo, lo que significa que es algo que *haces*. Eso, asimismo, significa que es algo que *eliges* hacer y que puedes optar por *no* hacerlo:

- Los chismes siempre involucran a una persona que no está presente.

2. «No Gossip Policy», Pennsylvania Bar Association, acceso en febrero de 2019, www.pabar.org/Public/LPM/Resources/R06/Other%20Resources/No%20Gossip%20%Policy%20-%20Employee%20Handbook%20or%20Personnel%20File.pdf

- Chismorrear implica criticar a otra persona.
- Los chismes a menudo son conjeturas que pueden dañar la credibilidad y la reputación de otra persona.

Las personas que firman a continuación aceptan que para tener un lugar de trabajo más profesional y libre de chismes:

- No pronunciaremos ni insinuaremos el nombre de otra persona cuando ésta no esté presente, a menos que sea para elogiarla o hacer referencia a asuntos de trabajo.
- Nos negaremos a participar cuando otro mencione de manera negativa a una persona que no está presente. Cambiaremos de tema de conversación o le diremos que hemos acordado no hablar de los demás.
- Elegimos no responder a correos electrónicos negativos o utilizar el correo para difundir información privada o despectiva sobre cualquier persona de la empresa.
- Mientras estemos fuera del trabajo, no hablaremos con otro compañero sobre las personas de la empresa de una manera poco halagadora. Si siento esa necesidad, elegiré hablar con alguien que no pertenezca al lugar de trabajo.
- Si otra persona del departamento hace algo poco ético, incorrecto, contrario a los procedimientos o perjudicial, utilizaremos los canales adecuados para informar de ello a la persona con autoridad para que tome medidas correctivas.
- Nos ocuparemos de nuestros propios asuntos, haremos un buen trabajo, seremos adultos profesionales y esperaremos lo mismo de los demás.

Dejar ir la negatividad a través de la positividad

He desarrollado una forma de eliminar a estas personas de una manera que es consistente con mi ley de donación vibracional. Cada vez que tengo que dejar ir a alguien por negatividad o bajo rendimiento, me aseguro de crear un acuerdo personal con esa persona de la manera más positiva.

Los llevo a una sala de reuniones privada y les hago saber que no son los más adecuados para su puesto. Les aseguro que les pagaré un mes de salario; esto hace que la situación sea menos estresante, ya que tendrán algo de tiempo para encontrar otro trabajo. Me aseguro de que tengan por mi parte buenas referencia porque, aunque una persona no sea la más adecuada para mi empresa, podría sobresalir en otra. Casi siempre puedes encontrar algo positivo que decir sobre una persona y debes hacerlo sin reservas. Asimismo, me aseguro de que sepan que quiero que les vaya bien. Me enorgullezco de ser siempre justo con cualquier persona con la que trabajo, o conozco, porque sé que el trato que le dé a esa persona es el mismo trato que recibiré de los demás en el futuro.

Para mantener una actitud positiva sobre la formación de mi equipo, tengo que ser internamente positivo hacia todos y hacia cada acción que tomo. Reconocer que un empleado no es el adecuado y desear su éxito en la obtención de un nuevo puesto al que se adapte mejor puede resultar muy positivo. Estoy liberando a esa persona para que encuentre una empresa que le satisfaga más. Lo hago con justicia y sin generar estrés. También estoy eliminando la preocupación del empleado al darle una recomendación y confirmar que sólo proporcionaré referencias positivas, lo que disipa para él parte de la preocupación por tener que encontrar otro trabajo. Por lo tanto, incluso si un empleado no está contento con ser liberado, no me ve como un enemigo. Es un regalo y lo ofrezco con gratitud.

Considera los beneficios que experimentarás cuando liberes a los empleados de roles para los que no son adecuados, cuando liberes a tus otros empleados de las garras de la negatividad y cuando te liberes del estrés de tener una organización que no funciona con total positividad. Los beneficios son numerosos y todos positivos:

- mejor moral del equipo
- más productividad
- mejores resultados
- mejor liderazgo
- ambiente de trabajo más feliz
- clientes más felices
- mayores ventas.

Principio #18

Hacer. Estar. Ir. Tener

Puedes obtener ayuda de los maestros, pero tendrás que aprender mucho por tu cuenta, sentado solo en una habitación.

DOCTOR SEUSS

Sólo tenemos una vida, y si la vivimos de la manera correcta, una vida es más que suficiente. Abogo por vivir una vida basada en «Hacer. Estar. Ir. Tener».

- *Hacer* las acciones necesarias para atraer la riqueza y las oportunidades ilimitadas a tu vida.
- *Estar* concentrado en hacer realidad tu futuro.
- *Ir* a pensar, arriesgarse y crear más de lo que te sientas cómodo logrando.
- *Tener* la confianza y la fe de que puedes hacerlo.

Con un clima soleado durante todo el año, comida increíble y cultura genuina, vivir en Phuket es precisamente la vida con la que soñaba cuando estaba en las calles de Estocolmo. No llegué allí por accidente, sino que hice lo necesario para lograrlo: compré un billete de avión y uno de autobús. Me concentré en construir un futuro allí: promocionarme en el sector inmobiliario. Fui más lejos de lo que jamás imaginé; comencé y fracasé en los negocios, pero lo intenté una y otra vez. Ahora vivo ahí con total confianza y un propósito específico: no sólo construir proyectos vacacionales de lujo para otros, sino también vivir en Phuket como si todos los días fueran vacaciones. Paso tiempo en las numerosas playas de arenas blancas de Phuket y navego, explorando y buceando en el mar de Andamán. Camino por las montañas de Tailandia bajo cálido el sol. Cuando se pone el sol, la famosa escena gastronómica de Phuket cobra vida, desde la comida callejera local los hasta restaurantes galardonados con vistas increíbles. Pronto descubrí que no es necesario viajar muy lejos para vivir la vida al máximo. Todo puede comenzar contigo y donde vivas ahora. Sin embargo, debes «Hacer. Estar. Ir. Tener».

Traer el futuro a tu presente

En una ocasión, tuve la oportunidad de entrevistar a Mike Tyson, el legendario boxeador y campeón mundial, y le pregunté cuándo supo que sería campeón mundial. «Cuando tenía catorce años», respondió. Incluso antes de que Mike Tyson ganara el título, comprendió de manera natural lo crucial que era experimentar el éxito en el presente, aunque sólo estaba en su mente. Sabía desde los catorce años cómo se sentiría al ser el campeón mundial, porque, en su mente, se imaginaba a sí mismo en el ring, derrotando a un oponente tras otro, usando el cinturón de campeón de peso pesado, escuchando a la multitud animarlo y sintiendo el orgullo de ser un atleta de fama mundial. Imaginaba sus logros, entrenaba cinco días a la semana (Hacer), participaba en cualquier combate de boxeo que podía conseguir (Estar), subía al ring con hombres con los que tenía miedo de pelear para poder ganar más títulos (Ir), y logró una carrera en el boxeo llena de victorias, derrotas, críticas y elogios, con seguridad y propósito (Tener).

No digas: «Todavía hay tiempo» o: «Quizás la próxima vez», porque también existe: «Es demasiado tarde».

No es una cuestión de dinero

Robert Kiyosaki, autor de *Padre rico, padre pobre*, nos pide que «salgamos de la carrera de codazos».[1] Me he acostumbrado a invertir mi tiempo (y dinero) en excursiones, vacaciones, viajes y eventos de formación de equipos con mis amigos, familiares y empleados más cercanos. Gasto la mayor parte de mis ingresos

1. Kiyosaki, op. cit.

discrecionales en experiencias compartidas. El hecho de vivir fuera de la carrera de codazos siempre que sea posible y traer conmigo a los más cercanos a mí hacia la aventura me permite lograr múltiples beneficios simultáneos:

- Vivo mi vida de una forma más apasionada.
- Inspiro a otros a pensar a lo grande.
- Demuestro a quienes me rodean lo mucho que los valoro.
- Me convierto en un mejor líder al acercar a las personas.
- Mejoro la productividad en mi negocio al conseguir tener empleados más motivados y leales que están recargados y listos para obtener el éxito a niveles aún más altos.
- Experimento eventos únicos en la vida que me inspiran personal y profesionalmente a pensar a lo grande, estar más presente y atraer más oportunidades de riqueza.

Crear una cultura basada en «Hacer. Estar. Ir. Tener»

Construyo una cultura «única en la vida» en cada una de mis empresas. Participamos en negocios que son únicos; logramos el éxito como ninguna otra empresa antes, y lo celebramos de manera épica. Ningún salario puede reemplazar esta cultura. La cultura única en la vida fomenta la lealtad; un trabajo único en la vida con beneficios únicos en la vida resulta atractivo tanto a nivel económico como experiencial.

Otros nos han llamado locos cuando nuestro equipo se ha embarcado en una aventura determinada. Nos llaman innovadores porque nos hemos convertido en las empresas más productivas, seguras y exitosas de Tailandia. Hemos ganado numerosos premios regionales e internacionales en toda la organización y seguimos ganándolos.

Al final «ellos dirán»

No quiero ser recordado como el dueño de un negocio que ganó miles de millones en las playas de Tailandia. Al final, dirán: «Andres fue un líder que creó los mejores recuerdos con la gente de su vida. Fue una fuerza positiva. Contribuyó a hacer un cambio en el mundo a través del bien».

Esta visualización es convincente para mí y guía mi actitud y decisiones en mi vida personal y empresarial. He compartido esta visualización con mis empleados y ha hecho que confíen en mí a un nivel más profundo. Cuando presento una nueva idea o cambio de dirección en un proyecto, incluso si todavía no pueden entender por qué lo hago, confían en que estoy decidiendo en el mejor interés de mis clientes, proveedores y empleados. Esto es especialmente útil cuando experimentamos un revés o una desaceleración. En lugar de sacar conclusiones precipitadas como: «Está tratando de tomar atajos», «Tiene motivos ocultos», o «No nos está escuchando», mis equipos se unen y ayudan de manera proactiva a alinear las cosas con el éxito. Creen en mi motivación subyacente y eso se transmite a todos los aspectos de nuestra organización empresarial.

Diviértete y vive para trabajar, no trabajes para vivir.

Empieza de inmediato pese a tu tamaño

Cuando doy charlas sobre el éxito empresarial, es inevitable escuchar la siguiente crítica: «Tu empresa es grande y tiene mucho dinero. Por supuesto que puedes hacer que tus empleados salten de un avión, pero eso no es práctico para un nuevo propietario de un negocio o una pequeña empresa». Me encanta esta crítica porque me permite demostrar cómo pensar a lo grande, e involucrar a tu equipo tiene poco que ver con tu cuenta bancaria y más con tu capacidad de pensar a lo grande con aquello a lo que tienes acceso.

Construir una cultura única en la vida no se trata de cuánto dinero tienes como empresa, sino del sentimiento que le das a la cultura de la empresa. Al igual que mis sentimientos sobre la donación vibracional, la creación de una cultura empresarial comienza con la emoción que tú, como propietario de la empresa, atribuyes a los elementos que componen esa cultura.

Haz lo posible para fomentar acciones en tu empresa que reúnan a los empleados en situaciones inusuales y memorables.

Trata de *estar* concentrado en los sentimientos positivos creados durante cualquier actividad en toda la empresa.

Ve más allá de las expectativas de tus empleados personalizando, recordando y ampliando los simples logros cotidianos.

Ten confianza en que tus empleados participarán y ampliarán la experiencia para satisfacer las necesidades de la empresa.

Voluntariado en grupo

Me encanta ser voluntario porque es una de las mejores formas de donación vibracional; es una manera fantástica de adoptar una mentalidad positiva y, en el proceso, genera una moral de equipo increíble.

El voluntariado mejora la moral. La ciencia ha demostrado que hacer buenas obras te hace sentir bien. ¿Por qué no ayudar a la comunidad local mientras lo haces?

Deloitte informa de que el mayor compromiso de los empleados proviene de ayudarles a encontrar un propósito común en su trabajo. Se trata de cultivar relaciones más estrechas a través de experiencias compartidas, que rara vez son costosas de implementar.[2]

«Todos queremos un sentido para nuestras vidas y trabajar para una organización que contribuya a la comunidad y sea socialmente responsable», dice Don MacPherson, socio de Aon, que trabaja en la práctica de gestión de empleados.[3]

«Cuando se les pedía [a los empleados] que hicieran todo lo posible [en el trabajo], eran buenos haciéndolo porque sabían que era una empresa que se preocupaba», dice Colleen Martin, una mujer que gestionaba a los temporeros para realizar trabajos tediosos, como controlar todo el día los diales de una máquina en una refinería de petróleo. Para hacer el trabajo «menos aburrido», comenzó a ofrecer oportunidades de proyectos de servicio a los empleados. Buscaba oportunidades para que éstos construyeran hogares los fines de sema-

---

2. Bersin, J.: «Becoming irresistible: A new model for employee engagement», Deloitte Insights, 26 de enero, 2015, www.deloitte.com/insights/us/en/deloitte-review/issue-16/employee-engagement-strategies.html

3. Lytle, T.: «7 Tips to Increase Employee Engagement Without Spending a Dime», Society for Human Resource Management, 22 de septiembre, 2016, www.shrm.org/hr-today/news/hr-magazine/1016/pages/7-tips-to-increase-employee-engagement-without-spending-a-dime.aspx

na para Habitat for Humanity, enviaran tarjetas personales a las tropas en el Medio Oriente y donaran a un orfanato. Éste es un ejemplo de compromiso de los empleados y conservación de la cultura.[4]

Habla alto y claro cuando hagas un reconocimiento

No es ningún secreto que las recompensas y el reconocimiento hacen que el lugar de trabajo sea especial. En Disney, por ejemplo, los trabajadores saben que la experiencia del cliente es primordial. Los empleados de Disney declaran que se sienten muy conectados con sus trabajos y se esfuerzan por crear experiencias únicas para los clientes. Rinden mejor porque son reconocidos por sus contribuciones y por sus esfuerzos grupales. ¡En Disney, el reconocimiento no es irrelevante!

Sin embargo, con demasiada frecuencia, los obsequios y las bonificaciones se reparten con poca fanfarria. Recuerdo mi primer trabajo como vendedor telefónico y cómo las «mejores personas» obtenían recompensas, e incluso entonces, éstas consistían en dinero en efectivo que, simplemente, se entregaba. No había nada especial, ni un sentimiento único en la vida. Cuando leí acerca de Yum! Corporation (la empresa matriz de Taco Bell, KFC y otras cadenas de restaurantes), me inspiré de nuevo para crear un entorno de trabajo único. Allí los líderes sacan kazoos, panderetas, cornetas y cencerros. Cada mes, el jefe de una empresa diferente lidera una banda de empleados mientras marchan alrededor del edificio tocando «música» en honor a las seis personas elegidas para el reconocimiento, reuniendo a decenas de personas más a medida que avanzan. Crean un desfile en honor a los esfuerzos grupales que tuvieron el mayor impacto ese mes. ¿Cuántas veces en la vida tenemos la oportunidad de que se haga un desfile en nuestro nombre?

Yum! tiene un millón y medio de trabajadores corporativos y en franquicias. El reconocimiento es una prioridad para toda la empresa, y los líderes locales descubren cómo adaptarlo a su ubicación y cultura particulares. Los premios en sí mismos son cosas que probablemente podrías comprar en un bazar multiprecio: una capa y gafas de sol, un muñeco cabezón de Albert Einstein o unos

---

4. Ibíd.

dientes que castañetean. Se trata de la emoción que subyace en el reconocimiento y de hacer todo lo posible para apreciar a los empleados de formas que nunca imaginarían.

Sé espontáneo

¿A quién no le gustan las sorpresas? Ser espontáneo es una excelente manera de mejorar la moral de los empleados porque el simple hecho de ser espontáneo es suficiente para hacer felices a las personas, siendo el resultado real un beneficio secundario. Tu objetivo con la espontaneidad es crear felicidad instantánea. La felicidad instantánea es algo que la mayoría de la gente no experimenta en la vida.

Un almuerzo sorpresa, una noche de cine para el grupo, un desayuno sorpresa para la reunión de la mañana o incluso un pícnic en mitad del día pueden ser actos de espontaneidad. Si dejas que las personas se vayan una hora antes el viernes, el hecho de que hayas decidido hacer algo fuera de lo común ayuda mucho.

Promueve el tiempo libre remunerado

Seamos sinceros. Incluso cuando amas lo que haces, todavía esperas con ansias las vacaciones y aún necesitas tomarte un día libre de vez en cuando por cualquier motivo. Como gerente o líder, nunca impongas culpa a los empleados que usan su tiempo de vacaciones ganado. Proporciona a los empleados tiempo para recargarse mentalmente, para que estén llenos de nuevas ideas a su regreso.

Tomemos el ejemplo de Kabbage. Cuando se trata de beneficios, Kabbage trabaja continuamente para crear un ambiente cómodo y colaborativo para los miembros del equipo (¡y sus perros!), todo con un cociente de risa increíblemente alto. Con tiempo libre remunerado ilimitado y un programa sabático de seis semanas, además de clases de meditación en la oficina y cursos presenciales, los beneficios de trabajar en Kabbage son numerosos.[5]

5. Glassdoor: «Kabbage Benefits», acceso en febrero de 2019, www.glassdoor.com/Benefits/Kabbage-US-Benefits-EI_IE606681.0,7_IL.8,10_IN1.htm

Los empleados asalariados de Glassdoor participan en una política de asuntos vacacionales que les permite a los empleados tomarse un tiempo de vacaciones cuando lo necesitan sin preocuparse por la acumulación de vacaciones. Los empleados por hora reciben hasta tres semanas de tiempo libre remunerado, así como dos días festivos de reserva y un día libre cada trimestre para trabajar como voluntarios en una organización sin fines de lucro de su elección.[6]

Considera una política de tiempo libre ilimitado pagado o flexible. Los días libres flexibles resuelven el problema de encontrar un equilibrio entre la vida laboral y personal de los empleados. Por supuesto, es esencial tener pautas establecidas para que los trabajadores no abusen de la política, pero en la mayoría de los casos las empresas tienden a ver que los empleados se toman menos tiempo libre que cuando tienen una cantidad determinada de días de vacaciones.

Ofrece formación continuada

Crear un entorno de aprendizaje permanente dentro de tu empresa ayuda a inspirar a los empleados comprometidos de por vida. Es importante considerar los objetivos profesionales de tu equipo y trabajar para ayudar a sus miembros a obtener la educación y los recursos que necesitan para avanzar hacia ellos. Crear una cultura que fomente el desarrollo continuo facilita algo más que ayudar a los empleados a desarrollar las habilidades que necesitan para desempeñar su trabajo.

Brad Shuck, profesor asistente de la Universidad de Louisville en Kentucky, está especializado en desarrollo organizacional. Él piensa que las empresas que invierten en el futuro de los empleados ven un mayor compromiso en ellos, y dice: «Cuanto más siente el trabajador que la empresa invierte en su futuro, mayor es su nivel de compromiso».[7]

Una de las prácticas esenciales en Timberlane Inc. es la formación transversal de los empleados. Al enseñarles cómo realizar el trabajo de otros, obtienen

---

6. Glassdoor: «Glassdoor Vacation and Paid Time Off», acceso en febrero de 2019, www.glassdoor.ca/Benefits/Glassdoor-Vacation-and-Paid-Time-Off-US-BNFT29_E100431_N1.htm

7. Lytle, op. cit.

una mejor comprensión de cómo funciona cada departamento. Por ejemplo, el personal de oficina pasa en ocasiones un tiempo en la planta de fabricación lijando o montando persianas.

Hay muchas formas de alentar a los empleados a que contribuyan o se involucren por poco o ningún costo. En Timberlane, por ejemplo, pueden jugar a Cornhole (un juego que consiste en lanzar bolsas de judías) durante las fiestas de la empresa, y disfrutan de una comida compartida anual de Acción de Gracias. Lo que cuenta es preocuparse por lo que estás haciendo y con quién lo estás haciendo.[8]

Dedica una parte determinada del presupuesto del equipo a la formación. Ya se trate de conferencias o de cursos de formación online, lo importante es invertir en la educación de tu equipo. Las oportunidades también construyen su red y establecen relaciones que ayudarán a los empleados a nivel personal, junto con el negocio.

Aplícalo a nivel personal y profesional

Haz lo que quieras hacer en la vida. Sé quien quieras ser. Ve a donde quieras ir. Ten lo que quieras tener ahora mismo. La clave es dar los pequeños pasos ahora para «Hacer. Estar. Ir. Tener».

No te limites a pensar en lo que quieres llegar a ser, cómo quieres tener éxito y lo que quieres lograr. ¡Toma medidas ahora!

Cuando termines de leer este libro, ve en paz, con el afecto que te tengo como lector. Tienes las herramientas y el conocimiento. Deja que te llenen de emoción, de alegría, de gozo. Permítete ver las posibilidades y saber, sin ningún atisbo de duda, que todo lo que puedas imaginar es posible.

Deja que tus días se llenen de pequeños momentos que trabajan juntos para lograr grandes sueños. Cada minuto es una bendición, incluso si se te presenta de una forma poco obvia. Todo lo bueno trabaja en conjunto para el bien de todos. Hazte dueño de lo bueno que te rodea, aférrate a lo positivo y lo beneficioso. Encuentra a los que son mejores para ti y rodéate de aquellos que te levantarán y te impulsarán hacia el éxito.

8. Ibíd.

En conclusión

Abandoné los estudios en la escuela secundaria y no soy más inteligente que tú. Vine a un país sin hablar el idioma ni entender la cultura, y sin dinero. Si pude cambiar mi vida aprovechando las oportunidades ilimitadas, tú también puedes hacerlo.

Si pude pasar de dormir en las playas de Tailandia con una maleta como almohada a desarrollar algunos de los complejos turísticos de playa más lujosos del mundo (de indigente a multimillonario), entonces, también tú puedes transformar tu vida en exactamente lo que deseas.

Todo comienza en nuestras mentes. Mi mensaje para todos los lectores de este libro es el siguiente: vivimos en un planeta mágico e increíble. Nacimos para verlo, experimentarlo y disfrutarlo. Olvídate de la carrera de codazos habitual, las mismas rutinas y hábitos de la vida cotidiana, y cambia tu forma de pensar. ¡Sal y disfruta tu vida! El mundo es tuyo para verlo y conquistarlo. Estamos destinados a ver las magníficas maravillas de este asombroso cielo en la Tierra. Desafortunadamente, las mentes a menudo se convierten en un infierno viviente, y los pensamientos negativos nos controlan. Recuerda que tú no eres tus pensamientos. Eres un ser espiritual con el poder de usar tus ideas para crear experiencias fantásticas en este mundo.

En nuestro lecho de muerte, no recordaremos el dinero que ganamos, las cosas que compramos o la riqueza que creamos; recordaremos a nuestros seres queridos y las experiencias que tuvimos en este maravilloso planeta, las que vimos, creamos y vivimos. La mayoría de la gente piensa que, después de pasar por esta vida, llegamos a la tierra prometida llenos de felicidad o a otro lugar lleno de condenación. Creo que pensar de ese modo es totalmente erróneo. Ya estamos viviendo en esos lugares en este mismo momento. Decidimos cómo queremos vivir en la Tierra: en un estado de felicidad o en un estado de insatisfacción.

Con el poder de tu mente, elige la felicidad. Cambia tu pensamiento y tus acciones, y te sorprenderás de lo hermosa que es la vida. Estar vivo es el regalo más maravilloso para la humanidad. La vida es corta. Así que no dudes, no supongas, no creas que no puedes hacerlo. El poder está sólo en tu mente; contrólala, y experimentarás más de lo que podrías haber imaginado, mientras estés vivo.

Vive siempre la vida al máximo, y todo lo que pueda traerte felicidad en este mundo lo hará. Basta con que extiendas los brazos, cojas las cosas y nunca te rindas. Puede que para mí todo haya comenzado con una taza de café, pero este libro es tu taza de café. Cógelo y sigue adelante. Me muero de ganas de oír hablar de tu éxito después de utilizar los 18 principios de atracción de la riqueza.

Acerca de los autores

Andres Pira

Andres Pira es un magnate de la construcción inmobiliaria ubicado en Phuket, Tailandia. Filántropo de corazón, Pira vive basándose en la virtud budista de dar. Durante la última década, celebró con gratitud sus éxitos comerciales retribuyendo a la sociedad. Su compañía Phuket Condos & Homes se ha o involucrado durante años con Phuket Has Been Good to Us, establecida después del tsunami de 2004 para mejorar las oportunidades económicas y de vida de los jóvenes. La filosofía de Pira es: «La verdadera riqueza de un hombre es el bien que hace en este mundo».

Aprovechando al máximo su vida, Pira pasa su tiempo libre viajando, aprendiendo nuevas culturas y explorando territorios sin límites. A los treinta años se sumergió en la adrenalina de los deportes extremos. Le gusta escalar montañas, hacer paracaidismo, puenting, esquiar, culturismo y jugar a fútbol. «La adrenalina y el estrés de una aventura son mejores que 1 000 días de paz», suele decir este hombre de acción.

Andres Pira y su grupo de empresas tienen un valor aproximado de 1 800 millones de bahts tailandeses. Como hombre de negocios en serie ha ampliado sus inversiones entre las que se incluyen un gimnasio, una oficina de abogados, una gasolinera, varias cafeterías y demás.

Doctor Joe Vitale

El doctor Joe Vitale pasó de vivir en la indigencia a ser un motivador inspirador, conocido por sus millones de seguidores como «¡Señor Fuego!». Es el autor mundialmente famoso de numerosos libros de éxito de ventas, como *El mila-*

gro, El poder de la atracción, Cero limites, Life's Missing Instruction Manual, La plegaria secreta, El millonario concienciado y *Attract Money Now.*

Vitale protagonizó la exitosa película *El secreto*, así como una docena de otros filmes. Ha grabado muchos de los programas de audio más vendidos, desde *El secreto faltante* hasta *The Zero Point.* También es un cantautor de autoayuda, con quince álbumes publicados y muchas de sus canciones han sido nominadas al premio Posi (considerado los premios Grammy de música positiva).

Vitale creó Miracles Coaching®, The Awakening Course, The Secret Mirror, Hypnotic Writing, The Awakened Millionaire Academy y muchos más productos que transforman las vidas de las personas. Vive en las afueras de Austin, Texas, con sus mascotas.

Índice analítico

N

O

P

R

S

V

Índice